KB212034

주께서 사랑하시듯 사랑하라

초기 그리스도인들과의 대화

로버타 본디 지음 · 황윤하 옮김

To Love as God Loves

주께서 사랑하시듯 사랑하라

초기 그리스도인들과의 대화

로버타 본디 지음 · 황윤하 옮김

비아

차례

일러두기

- * 표시는 독자의 이해를 돕기 위해 옮긴이와 편집자가 단 주석입니다.

- 성서 표기는 원칙적으로 『공동번역개정판』(1999)을 따르되 인용은
  원서 본문에 가까운 번역본을 사용했습니다.

들어가며

이 책에서 다루고 있는 사람들을 처음 만난 건 20년 전의 일입니다. 당시 저는 대학원에서 신학을 공부하고 있었습니다. 여전히 그리스도교 신앙을 두고 씨름하고 있었지만 말이지요. 당시 저는 제 지성과 마음을 모두 하느님께 바칠 수 있는 신앙의 형태를 찾지 못했습니다. 왜 그랬는지는 모르지만, 그때는 그랬습니다. 어느 날, 도서관에 앉아 저는 6세기 마부그의 필록세누스Philoxenos of Mabbug가 쓴 설교집을 읽었습니다. 그리고 저는 그리스도인이 된다는 것, 하느님과 다른 인간을 사랑한다는 것, 기도한다는 것이 무엇을 의미하는지를 흐릿하게나마 알게 되었습니다. 이후 몇 년 동안 저는 최대한 많이 이 전통에 속한 이들을 만났습니다. 그들은 제게 그리스도인의 사랑이 무엇인지를 매우 구체적으로 보여 주었습니다. 하느님께서는 우리 모두를 위해 계심을, 우리는 서로를 위해, 하느님께서 창조하신 세계를 위해, 그리고 하느님을 위해 있음을 가르쳐주었지요. 그들의 따뜻함, 통찰, 도움은 제가 받은 가장 커다란 선물이었고, 제 삶의 지속적인 원천이었습니다. 그리스도인이 된다는 것이 무엇을 의미하는지 알기 어려운 현대 세계에서 이들은 여러분을 위한 선물이 될 수 있다고 저는 믿습니다.

이 책을 쓰며 많은 분에게 도움을 받았습니다. 지금은 고인이 되신 더워스 치티Derwas Chitty 신부님을 기억합니다. 그분은 저에게 처음으로 이 그리스도교 전통이 무엇인지를 가르쳐 주었습니다. 이 책을 쓸 수 있도록 아낌없는 격려를 해주고 원고를 읽어 준 로드 헌터Rod Hunter와 돈 샐리어스Don Saliers에게 감사를 전합니다. 원고 전체를 읽고 매우 유익한 조언을 해준 로버트 래드클리프Bob Radcliff와 쟌 스티븐스Jan Stephens를 기억합니다. 멜리사 워커Melissa Walker, 로버트 페리Bob Perry 신부, 마틴 로트Martin lott 신부, 메리 앤 에니스Mary Ann Ennis 수녀, 마리 보거트Marie Bogert는 그들이 있는 자리에서, 그들이 누구인지를 보여줌으로써, 그들이 아는 것보다 훨씬 더 많은 도움을 저에게 주었습니다. 컴퓨터를 제공해주서서 글을 쓸 수 있게 해준 어머니에게도 감사를 전합니다. 무엇보다, 저와 끊임없이 대화를 나누어 준 동반자, 지속적인 지지와 사랑의 통로인 남편 리처드Richard에게 감사를 전하고 싶습니다.

시작

자신이 그리스도인이라고 고백하는 많은 사람은 그리스도인이 되기를 바라지만, 어떻게 해야 그리스도인이 되는지는 잘 알지 못합니다. 자기도 모르게 인간이 된다는 것의 의미에 대한 현대 문화의 기본 가정을 받아들였기 때문이지요. 현대 문화에서는 삶의 목표가 개인individual의 자기 계발self-development이라고 말합니다. 그렇다면 자기 계발에 방해가 될 수 있는 사랑의 공간은 남겨두기 힘들겠지요. 강자를 우대하고 약자를 멸시하는 세상에서 그리스도께서 "하느님과 동등함을 당연하게 생각하지 않으시고, 오히려 자기를 비우셨다"(필립 2:6~7)는 주장은 잘 와닿지 않습니다. 생산성을 중시하는 사회는 십자가의 모습과 잘 어울리지 않습니다. 물론 우리는 종종 삶에 대한 현대 문화의 가정이 틀린 것은 아닌가 의심합니다. 하지만 이에 대한 대안이 무엇인지 잘 알지는 못하지요.

저는 여러분이 이 주제를 두고 초기 교회의 몇몇 매력적인 인물들과 대화를 나누는 것을 돕고자 이 책을 썼습니다. 이들은 여러 측면에서 현대 문화와는 매우 다른 문화 가운데 살았지만, 놀랍게도 그들이 마주한 많은 문제는 우리가 마주한 문제와 유사했습니다. 우리가 그렇듯 그들도 세상의 상식이 그리스도교 신앙이 제시하는 전망과 충돌한다고 생각했습니다. 물론 그들이 지지한 덕목은 반문화적이라는 평을 들을 수 있고 오해받기 쉽습니다. 난쟁이 요한의 금언이 대표적이지요. 이 금언은 제자가 선생과 이야기를 나누며 겸손의 비현실성을 지적하자 나온 것으로 보입니다.

압바 난쟁이 요한이 물었다. "누가 요셉을 팔았습니까?" 한 수도사가 대답했다. "그의 형제들이었습니다." 원로가 그에게 말했다. "아닙니다. 그를 판 것은 그의 겸손이었습니다. 그는 '나는 그들의 형제요'라고 말할 수 있었고 저항할 수 있었습니다. 하지만 그는 침묵하면서 자신의 겸손으로 자신을 팔았습니다. 그를 이집트의 총리가 되게 한 것도 그의 겸손입니다."[1]

그들은 사회의 압력에도 불구하고 사랑이 삶의 목표이고 사랑으로 나아가기 위해서는 겸손이 필요하다고 믿었습니다. 그들에게 사랑과 겸손은 '실제 삶'에 대처할 수 없는 이상주의, 아무런 쓸모도 없는 경건한 태도가 아니었습니다. 그들에게 사랑과 겸손은 자신들이 속한, 그리고 우리가 속한 사회와 같은 폭력적인 사회를 무장해제시키는 실질적이고도 강력한 길이었습니다. 그들은 사랑과 겸손이 없다면 생명은 무로 사라진다고, 역설적이게도 자기 자신과 행동할 수 있는 힘 모두를 잃게 된다고 보았습니다. 하느님과 다른 사람을 사랑하는 법을 익힐 때만 대다수가 자신의 필요와 욕망의 포로가 된 사회에서 참된 자유와 자율성을 얻을 수 있다고 믿었습니다.

물론 지금부터 할 대화가 참된 대화가 되기 위해서는 우리의 대화 상대가 우리와 매우 다르다는 사실을 받아들여야 합니다. 그들은 과거의 인물들입니다. 그들 중 대부분은 4세

---

1 *The Sayings of the Desert Fathers: The Alphabetical Collection* (S.L.G. Oxford: A. R. Mowbray, 1981), John the Dwarf 20, 90. 『사막 교부들의 금언』(분도출판사)

기에서 6세기 사이 근동 지역, 이집트, 팔레스타인, 시리아에서 살았습니다. 그들은 일반 사람들은 물론 대다수 동료 그리스도인이 살던 방식과도 다른 삶을 살아야 하느님과 이웃을 가장 잘 사랑할 수 있다고 생각한 그리스도인들의 첫 번째 세대였습니다. 그들의 과학, 철학, 의학, 심리학은 오늘날과는 달랐습니다. 그들의 어떤 전제와 결론은 때때로 하느님, 세계, 인간에 대한 우리의 이해를 거스르며 거부해야 하는 것처럼 보입니다. 이들은 매우 멀리 떨어져 있기에 우리는 근본적인 지점에서 이들이 우리와 비슷한 관점을 지니고 있을 거라 기대해서는 안 됩니다. 우리는 그들이 우리가 겪는 문제에 대한 권위 있는 가르침을 줄 것이라 기대해서는 안 됩니다. 대신 우리는 그들에게 그리스도인의 삶에 대해 물을 수 있고 이와 관련한 통찰을 얻을 수 있습니다. 우리는 그들의 이야기를 듣고, 숙고하고, 고려하여 이를 삶에 녹여 낼 수 있고, 때로는 그렇지 않기로 선택할 수도 있습니다.

초기 그리스도인들의 관심사가 언제나 우리와 일치하지는 않았습니다. 이 책은 우리와 그들의 대화가 되어야 합니다. 그들은 자신들이 본 것을 있는 그대로 이야기할 수 있어야 하고, 우리도 그들의 말에 무조건 동의하거나 긍정하지 않아야 합니다.

저는 이 책에서 그들이 믿었던 바와 그 이유를 단순히 나열하는 대신, 오늘날 독자들에게도 시사하는 바가 있는 주제들을 선택했습니다. 이를테면 저는 음식에 관한 그들의 이야기는 우리가 세계를 사고하는 방식, 그리고 세계와 우리가 관계하는 방식을 대할 때 자극과 도움을 주기에 그 자체로 충분히 경청할 만한 가치가 있다고 생각합니다. 하지만, "그리스도인의 삶에 충실한 사람은 밤에 한 시간만 자도 충분하다"는 그들의 이야기는 현대 사회에서는 이상하게 들리기 때문에 이야기의 본뜻을 좀 더 생각해 보아야겠지요.

분명, 그들은 하나의 목소리만 내고 있지 않습니다. 우리에게 남겨진 그들의 이야기는 방대하며, 그만큼 다양합니다. 이 책에서는 그들과 대화를 나누기 위해 저 다양한 자료들, 약 300년의 시간에 걸쳐 나온 전기, 설교, 편지, 금언, 이야기, 대화, 주석, 수필을 살펴볼 것입니다.

그리스도인들은 공동의 목표를 갖고 있고, 많은 측면에서 삶의 방식을 공유하고 있지만 모든 사람이 그 목표에 도달하기 위해 따라야 하는 단 하나의 올바른 길은 없다고 저 옛 그리스도인들은 확신했습니다. 우리는 각자 모두 다릅니다. 저에게는 사랑의 걸림돌일 수 있는 것이 여러분에게는 그렇지 않을 수 있고, 제가 사랑을 실천하도록 이끄는 것이 여러분의 상황을 악화시킬 수 있습니다. 옛 그리스도인들은 이 다양성을 매우 진지하게 받아들였습니다. 그래서 한 본문이 때로는 다른 본문과 모순되는 것처럼 보입니다. 이를테면 한 압바는 환대hospitality를 그리스도인이 해야 할 가장 중요한 실천으로 간주합니다. 하지만 그의 가장 친한 친구는 그리스도인이 해야 할 가장 중요한 실천은 침묵silence이라고 이야기하지요. 이에 관한 한 이야기가 있습니다. 어느 날 이집트의 한 방문객이 압바 아르세니우스와 모세를 보고 싶어 했습니다. 먼저 그는 아르세니우스를 찾아가 그에게 인사했지만, 아르세니우스는 그 방문객에게 아무런 대꾸도 하지 않았습니다. 그다음 이집트 방문객은 모세를 찾았습니다. 모세는 그를 기쁘게 맞이했고 즐거운 시간을 보낸 뒤 그를 배웅했습니다. 이 이야기를 들은 또 다른 압바는 이렇게 기도했습니다.

주님, 제게 이 일을 설명해주십시오. 당신 이름을 위하여 한 사람은 사람들을 피했고, 다른 사람은 당신 이름을 위하여 팔을 벌려 그들을 맞이했습니다.

기도를 마친 뒤 그는 강에 큰 배 두 척이 있는 모습을 보았습니다. 한 배에서는 압바 아르세니우스와 하느님의 영이 완전한 평화 속에, 그리고 다른 배에서는 압바 모세가 하느님의 천사들과 함께 있었습니다. 그들은 모두 꿀 케이크를 먹고 있었습니다.[2]

다른 금언에서는 같은 내용을 좀 더 간결하게 전합니다.

> 압바 포이멘에 따르면 압바 요한이 이런 말을 했다고 한다. "성도들은 한곳에 심긴 나무들과 비슷합니다. 각각의 나무는 다른 열매를 맺지만 같은 샘에서 물을 공급받습니다. 성도 각자의 실천은 모두 다릅니다. 그러나 그들 안에서 활동하시는 분은 같은 성령이십니다."[3]

이 책의 목적은 그리스도인의 삶, 그 의미와 실천에 관한 어떤 교리를 제시하는 데 있지 않습니다. 앞에서 언급한 두 금언을 보면 알 수 있듯, 초기 그리스도교 문헌들, 본문들은 그 문헌들과 본문들이 기록된 시기에도 독자들에게 어떤 법을 제시하려 하지 않았습니다. 그런 법을 제시할 수 있는 것은 오직 성서뿐입니다. 대신, 이 문헌들과 본문들은 인간이 하느님의 형상으로 창조되었다는 것이 무엇을 의미하는지 이

---

2 *The Sayings of the Desert Fathers*, Arsenius 38, 17~18.

3 *The Sayings of the Desert Fathers*, John the Dwarf 43, 95

해할 수 있는 새로운 방법들을 제시해줍니다. 앞으로 다루는 내용이 그리스도교 전체의 공통 유산에 속하는 이 매혹적인 본문들에 다가가는 길이 되었으면 하는 바람입니다.

초기 그리스도교 본문들 읽기

대다수 초기 그리스도교 문헌들은 그리스도인의 삶의 목표가 사랑이라고 직접적으로 언급하지는 않습니다. 그걸 당연하게 여기고 있기 때문이지요. 그렇기 때문에 독자가 그리스도인의 삶의 목표가 사랑이라는 점을 새기고 있지 않다면, 이 문헌들을 읽을 때 당혹감을 느낄지도 모릅니다. 이를테면 "하느님께서는 죽은 사람을 일으키실 수 있지만, 분노에 잠긴 사람은 받아들이시지 않는다"는 짧은 금언에는 '사랑'이라는 말이 등장하지 않습니다. 어떤 면에서 이 금언은 분노의 죄성을 지적하는 것처럼 보이기도 하지요. 그러나 이 금언의 근본적인 목적은 그리스도인에게 가장 중요한 일은 이웃과 하느님에 대한 사랑임을 상기하는 데 있습니다. 경건한 활동, 심지어 거룩해 보이는 활동이라 할지라도 "사랑이 없으면, 울리는 징이나 요란한 꽹과리가 될 뿐"(1고린 13:1)임을 지적하는 것이지요.

또한, 예수의 비유처럼, 사막 그리스도인들이 한 말을 모아놓은 자료 중 많은 부분은 어떤 명제들을 제시하지 않습니다. 위에서 언급한 분노에 관한 금언처럼 아주 간략하거나, 일부 이야기만을 담고 있는 자료도 있지요. 이로 인해 독자는 그 이야기에 담긴 의미를 헤아리고 자신의 고유한 결론을 끌어낼 수 있습니다. 어떤 자료는 스승의 행동을 본 이들이 통찰을 얻은 이야기를 담고 있기도 합니다. 노상강도였던 위대한 흑인 수도사 압바 모세에 관한 이야기가 그 대표적인 예입니다.

스케티스에서 어떤 수도사가 죄를 지었다. 압바 모세를 포함한 집회가 소집되었다. 하지만 그는 거기에 가기를 거부했다. 사제가 사람을 보내 그에게 말했다. "오십시오. 모두가 압바를 기다리고 있습니다." 그래서 압바 모세는 일어나 갔다. 그는 구멍 난 바구니에 모래를 채워서 가져갔다. 다른 사람들이 나와서 그를 맞이하며 말했다. "압바, 이것이 무엇입니까?" 압바 모세가 대답했다. "제 죄가 뒤로 줄줄 새 나오는데, 저는 이를 보지 못합니다. 그런데 이런 제가 다른 형제의 잘못을 심판하러 가고 있습니다." 그들은 이 말을 듣

고 더 이상 아무 말 없이 그 수도사를 용서했다.[4]

이는 제자 스스로 결론에 다다를 수 있도록 하는 가르침의 방식입니다. 이렇게 가르침을 전하는 초기 그리스도교 문헌은 크게 두 줄기가 있습니다. 첫 번째 줄기는 성서입니다. 구약의 예언자 나단은 헷 사람 우리야에게서 밧세바를 빼앗은 다윗의 잘못을 상기시키기 위해 직접적으로 충성의 덕목과 간통의 해악에 관한 설교를 하지 않습니다. 대신 그는 어린 양 한 마리를 가진 가난한 사람과 많은 양을 가진 부자에 관한 이야기를 다윗에게 들려주지요(비록 나단이 "당신이 바로 그 사람"(2사무 12:7)이라고 말하기는 하지만 말입니다). 다윗은 나단의 이야기를 받아들일 수밖에 없었습니다. 예수께서도 자주 이런 식으로 가르침을 전하셨지요(이런 방식은 그의 반대자들을 격분케 했습니다).

두 번째 줄기는 이 책에서 주로 소개하는 사막 그리스도인들의 금언집입니다. 이 본문들을 그리스도인의 삶에 대한 일련의 명제들로 읽어서는 안 됩니다. 이 초기 그리스도인들은 그리스도인이 된다는 것이 무엇을 의미하느냐는 물음

4　*The Sayings of the Desert Fathers*, Moses 2, 139.

에 딱딱하고 고정된 답변을 제시하는 것을 무척이나 싫어했습니다. 오늘날 그리스도인들이 그러하듯 말이지요. 그렇기에 이 본문들은 아주 조금씩 읽고, 암송하고, 곰곰이 생각하고 되새겨야 합니다. 사막 그리스도인들의 금언은 독자나 듣는 사람이 자신의 말, 생각, 심상을 돌아보고, 이것들을 예수의 가르침과 비교하여 깨닫게 했습니다. 이 금언들을 받아들이기 위해서는 머리가 아닌 마음이 필요합니다. 다음과 같은 금언은 그 좋은 예입니다.

> 압바 테오도루스는 말했다. "당신이 절제하는 사람이라면, 간음한 이를 판단하지 마십시오. 판단하면 당신도 율법을 범하는 사람이 됩니다. "간음하지 말라"고 말씀하신 분은 "비판하지 말라"고도 하셨습니다."[5]

이 금언에서 볼 수 있듯 때때로 이들은 성서 구절을 인용하거나 설명했습니다. 간접적으로 암시하는 경우도 있는데 (초기 그리스도인이든 현대 그리스도인이든) 이미 성서 구절을 알고 있는 독자는 이를 알 수 있습니다. 그렇다면 우리가 대화를

---

5 *The Sayings of the Desert Fathers*, Theodore 3, 80.

나눌 이들은 어떤 사람들이었을까요? 이 물음에 답하기 위해서는 3세기 말과 4세기 초를 살펴보아야 합니다.

로마 제국을 공식적인 이교로 간주하던 그리스도교 초기 몇 년 동안, 몇몇 그리스도인들은 자신의 신앙에 충실하기 위해서는 이교에 참여해서는 안 된다고 생각했습니다. 그리하여 그들은 황제의 상에 경배하지 않았고, 따라서 일상적인 삶을 영위할 수 없었습니다. 그들은 군인이 될 수도, 학교 교사나 배우가 될 수도 없었습니다. 이러한 직업을 갖게 된다면 어떻게든 이교의 신화를 지지하거나, 가르치거나, 묘사해야 했기 때문이지요.

개인적인 차원에서도 그리스도인들은 종종 자신들이 살아가는 세계의 규율과 상충하는 도덕률을 따랐습니다. 이를테면 그들은 죄에 매우 엄격했습니다. 4세기까지 제국 일부 지역의 그리스도인들은 세례를 받으면 그 이전에 저지른 모든 죄가 씻겨 나가지만, 세례를 받고 나서는 더는 죄를 짓지 말아야 한다고, 용서는 단 한 번만 받을 수 있다고 믿었습니다. 초기 그리스도인들은 좋은 시민이 되는 것과 좋은 그리스도인이 되는 것 사이에는 커다란 차이가 있다고 생각했습니다.

그러나 4세기 콘스탄티누스 황제와 그 후계자들을 거치며 그리스도교가 공인되고, 더 나아가 제국이 선호하는 종교가 되자 사태는 바뀌었습니다. 이 변화는 그리스도인에게 명암이 뒤섞인 축복으로 다가왔습니다. 그리스도교가 공인되자 공공장소에 교회를 세울 수 있게 되었고 순교의 위험을 무릅쓰지 않고도 예배를 드릴 수 있게 되었습니다. 하지만 새로운 문제가 발생했지요. 그중 가장 심각한 문제, 오늘날 우리와도 연관이 있는 문제는 그리스도인들이 사회에서 성공을 거두게 되면서 좋은 시민이 되는 것과 좋은 그리스도인이 되는 것 사이의 구별이 모호해졌다는 것이었습니다. 하지만 4세기, 콘스탄티누스가 그리스도교를 공인하기 전, 박해받던 시기에도 그리스도인들은 "하늘에 계신 너희 아버지께서 완전하신 것 같이, 너희도 완전하여라"(마태 5:48)라는 예수의 요구를 심각하게 받아들였고, 그리스도교가 공인된 후에도 이를 진지하게 여기는 이들이 있었습니다. 그리스도교가 인정받는 세상을 살아가며, 그런 일상을 살아가는 가운데 온전한 그리스도인이 되기란 사실상 불가능에 가깝지만, 예외적으로라도 이를 이룰 수 있다고 확신하는 이들이 점차 생겨났습니다.

초기 수도 운동의 창시자로 인정받는 안토니우스Anthony는 이러한 확신을 품고 새로운 삶을 시작했습니다. 기원후

269년경 부유한 농부에게 재산을 물려받은 아들이었던 그는 어느 날 교회에서 예수께서 부자 청년에게 하신 이야기를 들었습니다. 안토니우스는 이를 자신을 향한 특별한 부름으로 받아들였고 누이와 자신을 위한 조금의 몫만을 남겨두고 재산 대부분을 팔아 가난한 이들에게 나누어 주었습니다. 얼마 지나지 않아 그는 또다시 교회에서 "내일 일을 걱정하지 말아라"(마태 6:34)라는 이야기를 들었고, 남겨둔 재산까지 전부 팔아 누이를 보살필 수 있는 여인들에게 주었습니다. 그렇게 그는 새로운 삶을 시작할 준비를 마쳤습니다. 안토니우스는 근처 마을에 사는 몇몇 원로들에게 그리스도교 금욕주의와 수행하는 삶에 관해 배웠고, 이후 은둔 수도사로 살기 위해 사막으로 갔습니다. 이 모든 내용은 위대한 알렉산드리아의 주교이자 신학자인 아타나시우스Athanasius가 쓴 안토니우스의 전기에 담겨 있습니다.

이후 안토니우스는 홀로 금욕 생활을 했습니다. 다른 이들에게 금욕 생활을 하는 법을 배우기는 했지만, 자신이 하는 일이 공동체와 어떠한 연관이 있는지를 처음부터 안 것은 아니었지요. 하지만 그런 상태가 오래가지는 않았습니다. 안토니우스는 우리가 흔히 알고 있는 은둔 수도사는 아니었습니다. 빠른 기간 내 사람들이 제자가 되기 위해 그를 찾아왔지요. 그는 제자가 된 이들과 사막에만 머무르지 않았습니다. 믿음을 지키기 위해 순교를 각오한 이들과 순교한 이들을 격려하기 위해 당시 거대한 도시였던 알렉산드리아를 찾기도 했지요. 군인, 정부 관리, 이교도 사제와 철학자, 지주와 농민이 끊임없이 안토니우스를 찾았습니다. 그들은 안토니우스에게 영적인 문제뿐만 아니라 세속적인 문제에 관해서도 조언을 구했습니다.

안토니우스 이후 이집트에서는 안토니우스의 방식과는 또 다른 삶의 방식, 의식적으로 공동생활을 하는 방식이 등장했습니다. 이 방식은 파코미우스Pachomius와 관련이 있습니다. 파코미우스는 안토니우스와 달리 이교도 가정에서 자랐습니다. 그에 관한 초기 전기들을 쓴 작가들에 따르면 그가 그리스도인들과 처음 만난 시기는 그가 군에 징집되었을 때였습니다. 20세 때 파코미우스는 친구들과 콘스탄티누스 군대에 신병으로 차출되었습니다. 어떤 보급품도 받지 못한 채 테베의 탑에 갇혀있었지요. 그러던 중 한 무리의 그리스도인들이 그들에게 음식과 음료, 그리고 다른 필수품들을 주었습니다. 그리스도인을 처음 보았던 그는 다른 이에게 그들이 어떤 사람인지 물어보았습니다. 그러자 그가 답했습니다.

그들은 오직 한 분인 하느님의 아들 그리스도의 이름에 기대어 살아가는 사람들입니다. 하늘과 땅을 만드신 분과 인간에게 희망을 걸고 모든 사람에게 선을 행하지요.[6]

파코미우스는 이 말에 충격을 받고 그 자리에서 하느님께 기도를 드렸습니다. 그리고 자신이 살아 돌아온다면, 그리스도인이 되고, 이 순간을 처음 그리스도인들을 만난 시간으로 기억할 것이라고 생각했습니다. 이때 파코미우스가 드린 기도는 이후 그가 한 활동들의 뿌리가 무엇인지 가늠해 볼 수 있게 해줍니다.

하늘과 땅을 만드신 하느님, 비천한 모습의 저를 보소서. … 당신께서 저를 이 고통에서 건져 주신다면, 저는 평생 당신의 뜻을 섬기며, 모든 백성을 사랑하며, 당신의 명령에 따라 그들의 종이 되겠습니다.[7]

이후 파코미우스는 징집에서 풀려났고 안토니우스가 있던

---

6 *Pachomian Koinonia: The Life of Saint Pachomius and His Disciples* (Vol. One) (Mich.: Cistercian Publications, 1980), 300.

7 *Pachomian Koinonia*, 300.

곳에서 좀 더 나일강 상류에 있는 타벤네시에 최초의 수도 공동체를 설립했습니다. 이 공동체는 복잡한 사회 구조를 지닌 고도로 체계화된 집단이었습니다. 다양한 국적을 지닌 사람들이 이 공동체에 몸담았지요.

안토니우스의 방식과 파코미우스의 방식 사이에는 몇몇 수도사들, 혹은 그 이상의 수도사 무리가 모여 스승인 '압바'Abba에게 가르침을 받는 또 다른 방식이 있었습니다. 압바는 자신을 따르는 수도사들의 삶의 형태를 결정했습니다. 이집트의 니트리아와 스케티스는 이러한 수도 생활의 중심지였습니다. 이곳에서 우리는 파코미우스와는 또 다른 생활을 추구했던 다양한 압바들을 발견할 수 있습니다. 이를테면 엄격하고 조용했던 아르세니우스Arsenius는 수도 생활을 하기전 로마의 귀족이었고, 앞에서 언급했던 모세는 수도 생활을 하기 전 노상강도였지요. 별난 금욕 생활로 명성을 얻었던 알렉산드리아의 마카리우스Macarius of Alexandria와 같은 이들도 있었고 계속해서 유랑 생활을 하거나 홀로 금욕 생활을 하는 이들도 있었습니다.

이러한 삶의 방식을 택한 여성들도 있었습니다. 파코미우스가 설립한 첫 번째 수도원은 여성을 위한 수도원이었습니다. 하지만 안타깝게도, 이들에 관해 알기란 쉽지 않습니다. 우리가 갖고 있는 이들에 관한 이야기, 금언 모음집은 남성이 썼고, 남아 있는 문헌들은 여성을 멀리하고자 했던 수도원 문화에서 나왔기 때문입니다. '암마'Amma, (영적) 어머니라 불렸던 이들의 아주 적은 말만이 금언집에 포함되어 있고, 팔라디우스Palladius는 다른 문헌을 통해 존경할 만한 여성들에 대해 이야기하긴 했지만, 이는 너무 단편적인 기록입니다. 참으로 애석한 일입니다.

지금까지 우리가 대화를 나눌 이들의 기원에 대해 간략히 살펴보았습니다. 앞에서도 이야기했지만, 이 책은 초기 수도 공동체의 역사를 살피는 책이 아닙니다. 오히려 이 책은 그들이 그리스도인의 삶을 무엇이라고 생각했는지, 그리고 그 삶에 어떻게 이르렀는지를 함께 보고, 오늘날 그런 생각과 삶이 어떤 의미를 지닐 수 있는지에 대해 이야기하는 책입니다. 그리스도인의 삶, 사랑의 목적, 겸손의 방식에 대한 그들의 생각은 당시 이집트에 있던 수도 공동체의 다양성, 거기에 영향을 받은 초기 수도 운동이라는 틀을 가로지릅니다. 금욕의 정도, 식단, 주거 형태, 다른 사람들과 관계 맺는 방식에 있어서는 차이가 있지만, 그리스도인의 삶에 대한 전망은 같았기 때문입니다. 안토니우스는 "네가 완전한 사람이 되려고 하면, 가서 네 소유를 팔아서, 가난한 사람에게 주어라.

... 그리고, 와서 나를 따라라"(마태 19:21)라는 말씀을 듣고 새로운 삶을 시작했습니다. '완전'perfection은 초기 다양한 그리스도교 문헌에서 일관되게 등장하는 말입니다. 오늘날 그리스도인들이 이 개념에 의구심을 갖는다는 것을 초기 그리스도인들이 알았다면 충격을 받았을 것입니다. 기이해하고 당혹스러워했겠지요. 복음은 분명하게 완전을 요구한다고 그들은 생각했습니다. 물론 이때 완전은 우리가 흔히 생각하듯 그리스도교적인 행동, 규칙을 엄수하고, 고수하는 것이 아닙니다. 그들에게 완전은 유혹으로부터 완전히 자유로워진 상태를 뜻하지 않았습니다. 오히려, 그들은 그리스도인들도 유혹에서 결코 자유로울 수 없다고 보았습니다. 다만 그리스도인들은 상대적으로 자유로울 수 있다고, 그렇다면 하느님께서 그들을 보호하시기 때문이라고 생각했습니다. 하느님께서 유혹에서 벗어나는 길을 알고 계시기에 그들은 유혹을 견딜 수 있었습니다.

"완전하라"는 명령을, 그들은 하나의 커다란 명령("네 마음을 다하고, 네 목숨을 다 하고, 네 뜻을 다하여, 주 너의 하느님을 사랑하라 ... 네 이웃을 네 몸과 같이 사랑하라"(마태 22:37, 39))의 다른 표현이라고 받아들였습니다. 그들에게 완전한 인간이 되는 것, 즉 하느님께서 본래 의도하신 인간이 되는 것은 온전히 사랑하는 인간이 되는 것, 하느님을 사랑하고 그만큼 우리와 함께 세상을 살아가는 다른 인간들을 사랑하는 인간이 되는 것이었습니다.

어떤 면에서 사랑과 완전에 대한 이러한 생각은 놀랍습니다. '완전'이라는 말은 우리에게 그리 좋은 느낌으로 들리는 말이 아닙니다. 심리학적 맥락에서 '완전'은 그 무엇에도 만족하지 않고, 별것 아닌 것에 과도한 관심을 쏟으며, 죄책감에 쉽게 사로잡히고, 취미가 다른 사람의 트집을 잡는 강박과 관련이 있는 것처럼 보이고, 신학적 맥락에서 '완전'은 하느님 보시기에 우리가 죄인임을 받아들이기를 거부하는 것처럼 보입니다. 우리는 인간을 실수하는 존재, 잘못하는 존재로 생각합니다. 그러나 사막에서 살았던 그리스도인들은 '완전'을 다른 방식으로 이해했습니다. 모든 가치에 앞서, 그들은 인간을 사랑하는 존재로 보았습니다. 그렇기에 사랑하지 않는 것은 인간답지 않은 행동이었습니다. 그들이 사랑을 어떻게 이해했는지는 다음 장에서 다룰 것입니다. 지금은 일단 그들이 '완전'과 '사랑'을 우리와는 다르게 이해했다는 것을 기억해 두십시오. 그들에게 그리스도인의 삶의 목적은 사랑하는 능력을 갖는 데 있으며, 그 능력을 갖기 위한 길은 겸손이었습니다. 완전만큼이나 겸손 역시 현대 그리스도인들에게 낯설고 잘 와닿지 않는 말입니다. 이에 관한 문제들은 3장에서 살펴보도록 하겠습니다. 지금 알아두어야 할 것은 성서는 완전만큼이나 겸손을 우리에게 요구한다는 것입니다. 필립비인들에게 보낸 편지 2장에 나타나는 그리스도의 겸손은 그리스도인들이 따라야 할 본입니다. 초기 그리스도인들에게 겸손은 계속 움츠리는 것, 낮은 자아상을 키우는 것, 잊히거나 주목받지 못하거나 당연시되는 것에 기이한 쾌락을 느끼는 것을 뜻하지 않았습니다. 그들에게 겸손은 자신만큼이나 다른 사람도 하느님 보시기에 가치 있는 존재라 여기는 것을 의미했습니다. 이러한 맥락에서 겸손은 다른 사람을 소중히 여기는 법을 배우는 것과 관련이 있는 관계의 용어였습니다. 이는 다른 사람의 약점에 공감하는 능력을 발달시키는 것, 자신의 올바름을 내세워 다른 사람을 판단하지 않는 것에 닿아 있습니다. 초기 그리스도인들에게 겸손은 우리가 흔히 생각하는 '미덕'이라기보다는 마음의 태도였습니다. 이를 잘 보여주는 이야기가 하나 있습니다.

어느 날 압바 아가톤이 압바 알로니우스에게 물었다. "어떻게 하면 제가 혀를 억제하여 더 이상 거짓말을 하지 않을 수 있겠습니까?" 압바 알로니우스가 말했다. "거짓말을 하지 않는다면 죄를 많이 지을 것입니다." 이에 압바 아가톤이 물었다. "어째서 그렇습니까?" 압바 알로니우스가 답했다. "두 사람이 당신의 눈앞에서 살인을 저질렀는데, 그중 한 사람이 당신의 거처에 숨었다고 상상해 보십시오. 그를 찾는 형리가 당신에게 '살인자를 보았습니까?'라고 물었을 때 거짓말을 하지 않으면 그 사람은 죽을 것입니다. 그보다는 그를 무조건적으로 하느님께 내어 드리는 것이 더 낫습니다. 그분은 모든 것을 아시기 때문입니다."[8]

충격적이고 어려운 이야기입니다. 게다가 이 이야기에서 겸손이라는 말은 나오지 않지요. 하지만, 알로니우스가 아가톤에게 그리스도인의 삶의 목표가 사랑이며, 진실함과 같은 개인의 자질을 얻는 것이 아님을 상기시켜 주는 조언 밑바닥에는 겸손이 자리하고 있습니다. 겸손은 율법주의와 사랑을 구별할 수 있게 해주며 우리를 유연한 인간으로 만듭니다. 개인의 진실함이 아닌 모두의 진실함을 추구하게 하며, 우리 자신과 타인에 대한 용서를 가능케 합니다.

---

8 *The Sayings of the Desert Fathers*, Alonius 4, 35.

사랑

4세기 수많은 이들이 예수의 명령을 따라 평범한 삶에서 벗어나 사막으로 갔습니다.

> 하늘에 계신 너희 아버지께서 완전하신 것 같이,
>
> 너희도 완전하여라. (마태 5:48)

오늘날 관점에서는 이상하게 들리는 말이지만, 당시 그들에게 이 명령은 불가능한 이야기로 들리지 않았습니다. 우리는 이 명령을 율법처럼, 혹은 절망을 불러일으키는 당혹스러운 이야기로 받아들이지만, 이들에게 "완전하라"는 명령은 가장 준엄한 명령을 다른 방식으로 표현한 것으로 들렸습니다. 그래서 그렇게 한 것이지요.

> 네 마음을 다하고 네 목숨을 다하고 네 힘을 다하고 네 뜻을 다하여, 주 너의 하느님을 사랑하여라. … 또 네 이웃을 네 몸같이 사랑하여라. (루가 10:27)

예수께서는 자신이 목숨을 바쳐 사랑한 이들이 다른 이들을 완전히 사랑하기를 바라셨습니다. 그렇기에 사막의 안토니우스와 그를 따르는 이들에게 그리스도인의 삶의 목표는 완전한 사랑이었습니다.

> 내가 너희를 사랑한 것과 같이, 너희도 서로 사랑하여라.
>
> (요한 15:12)

> 사랑하지 않는 사람은 죽음에 머물러 있습니다. (1요한 3:14)

> 믿음, 소망, 사랑 … 그 가운데서 으뜸은 사랑입니다.
>
> (1고린 13:13)

하느님께서는 사랑을 요구하셨고 그들은 이를 이루기를 원했습니다. 사랑받고 사랑하고자 하는 갈망이 인간 본성의 일부이기에, 이를 이루는 것이 가능함을 그들은 알았습니다. 이는 하느님의 형상으로서 인간이 지닌 속성이라고, 그렇기에 사랑은 자연스러운 것이며 사랑하지 않는 것은 부자연스러운 것이라고 그들은 생각했습니다.

물론 현실에서 우리는 너무나 자주 사랑하지 못하고, 사랑에 실패합니다. 죽음에 대한 두려움, 자신의 몸과 정서의 연약함, 그리고 이러한 연약함을 일시적으로 해결하려는 방식, 두려움을 보상받으려는 방식에 지배받고 있기 때문입니다. 우리는 다른 사람을 지배할 수 있는 힘을 가지려 합니다. 우리는 미래를 두려워합니다. 우리는 시기, 분노, 우울, 과잉행동, 지루함으로 고통받습니다. 하지만 그럼에도 4세기 신앙의 선배들은 이 모든 것이 필연적인 일은 아니라고 생각했습니다. 하느님께서 우리가 두려움을 극복할 수 있도록, 우리를 파괴하는 존재 방식이 우리를 지배하는 것을 깨뜨리고, 상처받고 왜곡된 우리의 인간성을 회복하시기 위해 예수 안에서, 예수를 통해 우리에게 오셨고, 지금도 오고 계시기 때문입니다. 우리가 회복되기를 원하고 사랑을 구한다면 회복될 수 있고 사랑할 수 있다고, 이것이 성육신의 목적이라고 그들은 믿었습니다. 성육신을 통해 하느님께서는 우리의 본래 모습, 하느님의 형상으로 돌아가는 길을 보여주셨고 그리하여 우리는 진실로 사랑하고 사랑받을 수 있는 인간, 참된 인간이 될 수 있습니다. 이것이 바로 사막 수도 운동의 핵심 영감이었습니다.

완전과 율법주의

'완전한' 사랑에 대한 이 모든 이야기는 현대 독자들에게는 잘 와닿지 않거나 어색하게 들릴 수 있습니다. 수도원, 혹은 수도사라는 말을 들으면 우리는 흔히 규율을 떠올리고, 이와 '완전'을 연결해 수도 생활의 목표는 완전한 사랑이 아니라 규칙과 규율을 엄격히 따르는 것이라 생각하기 때문입니다. 종종 수도사들이 그리스도인의 참된 목표인 완전한 사랑과 그 사랑을 키우기 위해 고안된 규율을 구분하지 못한 것은 사실입니다. 시대를 막론하고 많은 그리스도인이 목적을 잊어버리거나 목적과 수단을 혼동하곤 했습니다. 초기 그리스도인들의 문헌에도 이러한 혼란과 혼동을 경고하는 이야기가 많이 있습니다. 유명한 수도사이자 주교였던 에피파니우스Epiphanius와 팔레스타인 지역에 수도원을 세운 것으로 알려진 힐라리온Hilarion의 이야기가 그 대표적인 예입니다.

에피파니우스가 힐라리온에게 그리스도인의 삶의 목적은 규율을 지키는 것이 아니라 사랑임을 간접적으로 상기시키는 방식에 주목해봅시다.

어느 날 성 에피파니우스가 압바 힐라리온에게 사람을 보내 "우리가 육신을 떠나기 전에 서로 한 번 봅시다"라고 요청했다. 힐라리온이 왔고, 그들은 서로 기뻐하였다. 식사 중에 그들에게 새고기가 제공되었고 에피파니우스는 고기를 집어 힐라리온에게 주었다. 그러자 힐라리온이 말했다. "용서하시오. 나는 수도복을 받은 이래 도살된 어떤 고기도 먹지 않습니다." 그러자 에피파니우스가 대답했다. "나는 수도복을 걸친 이래 누구도 나에게 불만을 품고 잠자러 가게 하지 않았고, 나도 누군가에게 불만을 품은 채 쉬러 가지 않았소." 힐라리온이 대답했다. "용서하시오. 당신의 삶이 제 삶보다 훌륭합니다."[1]

그 어떤 경건 활동이나 규율도 사랑을 대체할 수는 없습니다. 그러나 그리스도인의 삶과 '완전'이 결합하면 우리는 암

---

1 *The Sayings of the Desert Fathers*, Epiphanius 4, 57.

울한 율법주의보다 더 많은 가르침을 얻을 수 있지요. 우리 주변에는 자기 자신이 거의 완벽하다고 믿는 사람, 적어도 자기가 다른 사람의 불완전함에 대해 지적할 수 있을 만큼의 위치에는 있다고 믿는 사람을 쉽게 볼 수 있습니다. 이런 사람들은 완전에 대한 참된 가능성을 거부하면서 자신이 상상한 완전을 믿고 이를 잣대로 다른 사람의 불완전함을 정죄하곤 합니다. 그러나 다른 사람을 정죄할 수 있을 만큼 자신이 완전하다고 믿는 것은 완전이 아니라 자기의self-righteousness입니다. 신약성서에 나오는 바리사이인들의 죄가 이것이지요. 자기의, 독선은 사랑의 반대말입니다. 예수께서는 이를 반복해서 지적하셨습니다.

사막 그리스도인들도 그런 예수를 충실히 쫓아 자기의를 끊임없이 경계했습니다. 아무리 '선하다' 해도 다른 사람의 죄를 심판할 수 있는 위치에 있는 사람은 없습니다. 그렇게 할 수 있는 이는 오직 하느님뿐입니다. 완전한 사랑을 향해 나아갈수록 우리는 다른 사람의 연약함을 점점 더 깊은 연민으로 바라보게 됩니다. 사랑은 우리와 다른 이들을 하나로 엮으며 다른 사람에 대한 비판적인 판단을 누그러뜨립니다. 언젠가 한 압바는 누군가 죄를 짓는 모습을 보고 말했습니다.

오 주님, 오늘은 그가 죄를 지었습니다. 내일은 제가 죄를 지을 것입니다.

'사랑 안에서, 사랑을 통한 완전'에 현대 그리스도인들이 거부감을 느끼는 또 다른 이유는 삶에 만연한 실패감 때문입니다. 지나치게 죄책감을 느끼는 그리스도인들에게 '완전'은 절망적인 과제처럼 느껴집니다. 그러나 죄책감으로 인해 '사랑 안에서, 사랑을 통한 완전'을 부정한다면, 이는 사랑을 율법주의의 틀 안에서 이해하고 있는 것이라고 할 수 있습니다. 사랑은 엄숙하게 준수해야 하는 의무가 아닙니다. 사랑은 가장 힘든 순간에도 하느님과, 또 다른 사람들과 더불어 기뻐하는 것입니다. 예수의 십자가 수난을 매우 진지하게 받아들였던 6세기 한 그리스도교 작가는 예수께서 "신성한 기쁨 가운데 십자가에 못 박히셨다"고 말했습니다. 이러한 기쁨은 하고 싶다고 할 수 있는 게 아닙니다. 기쁨은 우리를 좋게 만들어주거나 고통을 받아들이게 해주는 도구가 아닙니다. 사랑 안에서, 사랑을 통한 기쁨은 우리 안에 사랑을 일으키시는 하느님의 선물입니다. 이러한 하느님의 은총과 사랑의 관계를 이해하면 우리는 우리를 가두는 율법주의라는 벽을 무너뜨릴 수 있습니다.

완전한 사랑과 변화

우리 현대인들은 '완벽한', 혹은 '완전한'이라는 말을 '어떠한 개선도 필요로 하지 않는 상태'라고 생각합니다. '완벽한 그림', '완전한 원', '완벽한 하루', '완벽한 연주'처럼 말이지요. 이때 '완벽'에는 '완결'의 의미가 담겨 있습니다. 그렇기에 우리는 '그는 완벽하다', 혹은 '완전하다'라고 말하지 않습니다. 사람은 죽음을 맞이하기 전까지 계속 변합니다. 그것이 우리 인간의 조건입니다. '완벽함', 혹은 '완전함'을 변화와 대비시키는 방식으로 이해하는 것은, 알게 모르게 이교도 철학자들의 방식을 따르고 있는 것입니다. 플라톤과 아리스토텔레스의 계승자들은 인간은 신처럼 완전할 수 없다고 믿었습니다. 그들은 완전하기 위해서는 변하지 않고, 정적이고, 완결되어 있어야 한다고, 그것이 신의 속성이라고 여겼습니다. 그렇기에 언제나 변화하는 인간은 결함이 있는 존재라고 생각했지요. 인간은 유년기에서 성인기를 거쳐 노년기에 이르러 죽음에 이를 때까지 성장합니다. 삶의 조건들도 이에 따라 계속 변합니다. 고대 철학자들은 삶이 예측할 수 없는 방식으로 계속 변화한다고 여겼고, 이 변화를 부정적으로 보았습니다. 이러한 맥락에서 그리스 역사가 헤로도토스 Herodotus는 "죽기 전까지는 아무도 그가 축복받았다고 말하지 말라"고 말하기도 했지요.

4세기 위대한 그리스도교 저술가인 니사의 그레고리우스 Gregory of Nyssa는 이러한 이교도들의 생각을 뒤집었습니다. 그는 인간이 되기 위해서는 변해야 한다고 말했습니다. 하느님께서 우리를 그렇게 창조하셨으며 피조물은 언제나 변화하기 때문입니다. 그레고리우스는 우리가 어찌할 수 없는 육체의 변화가 아니라 통제할 수 있는 도덕적, 혹은 영적 변화에 주목해야 한다고 생각했습니다. 우리는 하느님을 향해 나아갈 수도 있고, 하느님으로부터 멀어질 수도 있습니다. 우리는 모두 두 세계, 하느님의 형상으로서 우리가 창조된 하느님의 세계와 사랑에 대한 의식적인 결단과는 무관한, 법칙에 따라 작동하는 맹목적이고 동물적인 자연의 세계를 살아갑니다. 변화는 이 두 세계가 충돌하는 가운데 균형을 찾아가는 것과 관련이 있습니다. 우리는 동물로서 자기 욕망과 감정의 노예가 되기 쉽습니다. 바로 이 노예 상태에서 해방될 때, 달리 말하면 하느님을 향해 나아갈 때 우리는 더 인간답게 되고 더 사랑할 수 있게 됩니다. 이렇게 이해되면 완전과 변화는 대립하지 않습니다. 고대 그리스도교 저술가들이 말했듯, 사랑하는 법을 익힘으로써 인간은 하느님의 사랑을 향해 지속적으로 나아갑니다. 하느님의 사랑에는 한계가 없고, 인간이 된다는 것은 하느님의 형상을 회복한다는 것을 뜻하기 때문에, 회복의 과정에서 이루어지는 우리의 사랑은 온전치 못합니다. 하지만 사랑의 능력 그 자체는 한계가 없습니다. 달리 말하면, 우리는 사랑할 수 있지만, 그 사랑이 계속 성장하지 않는다면 그 사랑은 완전한 사랑이 아닙니다.

더 나은 것을 향해 성장하기를 멈추지 않는 것,

'완전'에 한계를 두지 않는 것, 이것이 참된 완전입니다.[2]

그러므로 우리는 완전한 사랑에 '도달'할 수 없다는 것에 절망해야 할 게 아니라 기뻐해야 합니다. 이는 우리가 성장하며 하느님을 닮아갈 수 있음을 뜻하기 때문입니다.

완전한 사랑과 인간됨

일상에서 쓰는 말을 보면 우리는 우리가 인간이라는 사실과 사랑한다는 것이 완벽하게 어울린다고 믿지 않는 것 같습니다. 우리는 종종 이런 말을 합니다. "편지를 우체국에 보내

---

2 Gregory of Nyssa, 'On Perfection', *Gregory of Nyssa: Ascetical Works* (Fathers of the Church 58) (Washington, D.C.: Catholic University of America Press, 1967), 122.

는 것을 깜빡했네. 나도 인간이니까." "그렇게 결점 많은 너를 어떻게 사랑할 수 있겠어. 난 그저 인간일 뿐이야." 이 둘을 같은 선상에서 보는 것은 고대 그리스인들이 저지른 실수를 반복하는 것입니다. 우리는 우리의 성질, 이를테면 성욕, 혹은 좀 더 중요하게는 사랑에 대한 제한적이지만 실질적인 통제와 몸에 대한 통제를 사실상 동일시합니다.

물론, 우리는 인간이기 때문에 하려던 일을 잊어버리는 경향이 있습니다. 조금만 살펴보면, 우리가 우리의 유한함으로 인해 생활에 불편함을 겪고 있음을 부정할 수 없지요. 그러나 "그렇게 결점 많은 너를 어떻게 사랑할 수 있겠어. 나도 인간이야"라는 말은 우리가 한 달 동안 잠을 자지 않을 수 없는 것과 사랑할 수 있는 능력을 발휘할 수 없다는 것을 나란히 두고 있는 것입니다. 인간은 본성상 자신이 할 수 있는 일만 해야지, 그보다 더 할 수는 없다는 것이지요. 물론 모든 이가 다 같은 생각을 하는 것은 아닙니다. 모두 같은 생각을 하고 있다면 서점에 자기계발서가 이토록 넘치지는 않겠지요. 하지만, "나는 그저 인간일 뿐이야"라는 말에는 부적절함, 죄책감, 무력감, 분노가 담겨 있습니다. 인간은 본성상 결함이 있고, 변화할 수 없다는 믿음은 다양한 방식으로 퍼져 있습니다. 끔찍한 전쟁을 마주했을 때, 우리는 종종 "인간이 원래 그렇지"라고 말합니다. 가난한 이들, 제3세계에 대한 착취, 소수자들에 대한 혐오는 끔찍하지만 쉽게 멈출 수 없습니다. 이럴 때 무력감이 드는 것이 그리 놀라운 일은 아닙니다.

초기 그리스도인들은 우리에 관한 이러한 '진실'을 받아들일 수 없었습니다. 그들은 하느님의 은총이라는 압도적인 선물을 받아 개인이 세상을 변화시킬 수 있다고, 온전히 사랑할 수 있게 될 것이라고 믿었습니다. 그리스도의 성육신, 십자가, 부활을 통한 하느님의 활동이 언젠가 온 인류, 온 세계를 사랑으로 변모시킬 것이라고 진심으로 믿었기 때문입니다.

나는 누구를 사랑하는가?

그리스도인의 목표가 하느님과 이웃을 자신의 몸처럼 사랑하는 것이라면, 우리는 율법교사가 예수께 했던 물음을 다시 던져 보아야 합니다. "네, 하지만 제 이웃은 누구입니까? 그리고 이것이 하느님에 대한 사랑과 무슨 관련이 있나요?" 또 선한 사마리아인의 비유를 묵상하면 여러 물음이 일어납니다. 그리스도인에게 '나 자신에 대한 사랑'은 어떻게 이루어져야 하는지, 나에 대한 사랑, 하느님에 대한 사랑, 이웃에 대한 사랑은 어떻게 연결되는지, 하느님을 사랑하면 이웃을 사랑하게 되는 건지, 내 이웃을 어떻게 찾을 수 있는지, 이웃 사랑이 그리스도인으로서 내 원칙과 어긋난다면 어떻게 해야 하는지, 이웃 사랑과 내 신앙생활은 어떻게 함께 갈 수 있는지와 같은 물음들 말이지요.

초기 사막의 그리스도인들 역시 이런 질문들을 던졌습니다. 6세기 고도로 체계화된 수도원의 수도사였던 가자의 도로테우스Dorotheus of Gaza는 이들이 내놓은 답변 중 일부를 우리에게 전해줍니다. 그는 초기 그리스도교 저술가들의 원리를 잘 이해했고, 심상과 은유, 비유를 활용해 자신의 주장을 잘 펼치곤 했습니다. 그의 설교들을 훑어보면 당시 그리스도인들이 정죄와 자기의의 문제에 얼마나 관심을 기울였는지를 알 수 있습니다. 한 설교에서 그는 수도사들에게 서로를 판단하거나 정죄하지 말라고, 하느님과 다른 이에 대한 사랑은 매우 밀접한 관련이 있으므로 하느님을 사랑하면서 동시에 다른 사람의 죄와 연약함을 경멸하는 것은 불가능하다고 말합니다.

우리 한 사람 한 사람은 다른 모든 사람과 하나가 되도록 해야 합니다. 이웃과 더 많이 일치할수록 하느님과 더 많이 일

치하기 때문입니다.[3]

그는 이에 관한 멋진 은유를 들기도 했습니다.

한 곳에 점을 찍고, 그 점을 중심으로 원을 그려봅시다. 원
을 이루는 선에서 중심점으로 향하는 거리는 모두 같습니
다. 이 원이 세상이고 하느님이 중심이라고 생각해 봅시다.
그리고 원에서 중심까지의 직선은 우리의 삶입니다. … 원
을 이루는 선부터 우리는 하느님을 향해 나아갑니다. 원이
중심점을 향해 나아갈수록 원을 이루는 점들의 간격이 줄어
들 듯, 우리는 하느님을 향해 나아갈수록 서로에게 가까워
집니다. 동시에 우리가 서로 가까워질수록 우리는 하느님
께 가까워집니다.[4]

그 반대도 마찬가집니다. 우리가 하느님에게서 멀어지면 다
른 사람들에게서도 멀어지고, 다른 사람들에게서 멀어지면
하느님에게서도 멀어집니다. 그러나 이 인상적인 은유가 현

[3] Dorotheos of Gaza, *Dorotheos of Gaza: Discourses and Sayings* (Kalamazoo,
Mich.: Cistercian Publications, 1977), 138.

[4] *Dorotheos of Gaza: Discourses and Sayings*, 138~39.

대인들에게 자명하게 다가오지는 않을 겁니다. 이 은유는 하느님께서 자신이 창조하신 세계에 현존하시고, 그 중심에 계시며, 피조물들의 본성이 자연스럽게 당신을 향하게끔 하시고, 만물을 당신께로 인도하신다는 생각을 전제로 해야 하기 때문입니다. 니사의 그레고리우스가 완전에 대해 이야기했던 것처럼 모든 사람이 서로, 그리고 세계의 중심인 하느님과 연결되어 있다는 가정이 있어야 합니다. 그레고리우스는 사람은 하느님에게서 멀어질 수도, 하느님을 향해 나아갈 수도 있으며, 온전한 인간이 되거나 그보다 못한 존재가 될 수도 있는 길을 선택할 수 있다는 교회의 입장을 분명히 세웠습니다. 도로테우스는 이 말을 이어받아 모든 사막 그리스도인이 이야기했듯, 하느님을 향한 움직임은 필연적으로 우리와 연결된 사람들과 서로 가까워지게 만든다고 말했습니다. 이 세계가 그렇게 창조되었기 때문입니다.

오늘날 문화는 이런 믿음을 갖고 있지 않습니다. 계몽주의의 영향으로 사람들은 하느님을 자비롭지만 우리에게서 멀리 떨어져 우리를 관찰하는 관찰자로 여기거나, 심지어는 존재하지 않는다고 생각하기 시작했습니다. 그리고 그런 생각 위에서 이 세계를 이해했습니다. 오늘날 개인을 표현하는 방식, 성장을 이해하는 방식은 하느님을 향한 움직임, 다른 이들을 향한 움직임과 연결되어 있지 않습니다. 우리는 세계를 중립적으로 보기도, 아름답게 보기도, 적대적으로 보기도 하지만, 초기 그리스도인들처럼 세계가 하느님을 향해 움직이도록 창조되었다고 보지는 않습니다. 현대 과학도 이를 배제하는 것처럼 보입니다. 다른 사람에 대한 책임과 사랑을 보편적인 정의의 관점에서 이해하거나, 반대로 보편화할 수 없는 개인의 종교적 신념의 틀로만 생각하는 경향이 있습니다. 그렇다면 우리는 이런 문화에서 어떻게 사랑의 자리를 만들 수 있을까요?

오늘날 많은 그리스도인이 비그리스도인들과의 비교를 통해서만 자신의 그리스도인 정체성을 확인하는 것도 이와 무관하지 않습니다. 이들에게 그리스도인이 된다는 것은 곧 '영적인' 사람이 되는 것을 의미합니다. 여기서 '영적'이란, 사랑과 기쁨을 추구하지만, 실제 몸과 피를 지닌 다른 사람, 몸과 피와 관련된 문제들을 마주하지 않는 것을 뜻하지요. 자신을 '영적'이라고 여기는 이들은 "항상 주 안에서 기뻐"하기 위해, 삶의 복잡성과 모호함을 제쳐둡니다. 영적인 기쁨에 방해가 된다고 여기기 때문이지요. 다른 사람들의 문제에 무관심하며, 더 나아가서는 그들의 존재 자체를 불편해하기도 합니다. 현실 문제에 얽힌 사람들이 자신을 하느님을 향한 순수하고 영적인 사랑에서 멀어지게 한다고 생각하지요.

이런 태도는 그들을 사회 참여에서 멀어지게 했습니다. 교회의 의무는 영혼을 구원하는 것이지 세상의 문제에 간섭하는 것이 아니라고 생각하게 된 것입니다. 이 생각에는 하느님이 창조의 중심이며, 하느님께서 만물을 자신에게로 이끌고 계신다는 믿음이 자리 잡고 있지 않습니다. 대신 그들은 하느님을 우리가 실제로 살고 있는 세계와는 동떨어진 영적 세계에 둡니다. 그리고 거기에 관심을 집중하는 것이 '신앙'이라고 여기지요. 이렇게 되면 하느님 앞에 선 나, 혹은 교회에 있을 때의 나, 그리고 일상에서 자연과학을 받아들이는 나, 사회에서 살아가는 나가 분열됩니다. 우리는 이런 분열에 빠진 신자들을 흔히 목격할 수 있습니다. 그들은 도로테우스가 보았던 하느님을 향한 사랑과 다른 사람들에 대한 사랑 사이의 긴밀한 연관성을 보지 못합니다.

한편, 어떤 이들은 그리스도교를 세상을 부정하거나 거부하는 종교로 알고 그리스도인을 인간의 고통과 필요에 둔감한 존재들이라며 비난하곤 합니다. 이들의 생각은 사실상 위에서 언급한 그리스도인들의 생각과 크게 다르지 않습니다. 둘 모두 하느님을 사랑하면 사람들에게 등을 돌려야 하고, 사람들을 위해 살고자 한다면 하느님을 외면해야 한다고, 둘

중 하나만을 택해야 한다고 생각합니다. 그러나 도로테우스의 은유는 현실 속 인간에 대한 사랑 없이 하느님을 사랑하거나, 하느님에 대한 사랑 없이 현실 속 인간을 사랑하는 것은 불가능함을 보여줍니다. 인간은 하느님의 형상으로 창조되었기 때문에 하느님의 형상을 사랑하지 않고는 하느님을 사랑할 수 없습니다. 하느님을 향한 사랑이 커질수록 우리는 세상과 그 문제를 외면할 수 없게 됩니다. 하느님, 그리고 다른 사람과 가까워질수록 모든 사람이 각기 다른 방식으로 죄를 공유하고 있다는 것을 분명히 깨닫게 되기 때문이지요. 사랑은 용서에 대한 믿음, 하느님의 자비에 대한 믿음, 변모에 대한 변함없는 희망을 불러일으킵니다. 그렇기에 우리는 자기와 타인의 죄를 정당화하거나 부정할 필요가 없으며, 정직하게 바라볼 수 있습니다.

초기 사막 그리스도인 중 한 사람인 스케티스의 아폴론 Apollo of Scetis은 자궁 속에 아이가 어떻게 있는지 보고 싶다는 이유로 한 임산부를 살해했습니다. 이후 그는 이 끔찍한 일을 참회했고 사막 공동체는 이를 받아들였습니다. 결국, 그는 위대한 압바가 되었지요. 이처럼 하느님과 다른 사람을 사랑하는 사람만이 절망하지 않고 인간의 죄를 정직하게 바라볼 수 있습니다.

하느님을 향한 사랑

우리는 그리스도'교'인이 되면 으레 이웃과 하느님을 사랑하게 되리라고 생각합니다. 하지만 실제로 일어나는 일은 이와 사뭇 다릅니다. 우리 중 많은 사람은 하느님을 느끼지 못하거나, 설령 느낀다 해도 어떤 의무감과 두려움에 사로잡히기 쉽습니다. 그래서 하느님을 사랑한다는 것은 이내 당위로만 남고, 현실에서 이를 이루지 못하는 자신을 끊임없이 자책하게 됩니다.

초기 그리스도인들은 그리스도인의 사랑에 관해 이런 식으로 생각하지 않았습니다. 니사의 그레고리우스는 수도사의 삶을 세 단계로 나누었습니다. 그에 따르면, 첫 번째 단계에서는 노예처럼 두려움을 바탕으로 하느님을 섬기고, 두 번째 단계에서는 일꾼처럼 보상에 대한 욕구로 하느님을 섬깁니다. 그리고 마지막 세 번째에 이르면 비로소 하느님의 가족에 속한 자녀로서, 하느님을 향한 순수한 사랑으로 하느님과 우정을 나누고 그분을 섬깁니다. 여기서 주목해야 할 점은 하느님을 향한 사랑을 매우 긴 시간에 걸쳐 익혀야 할, 험난한 과정으로 여겼다는 것입니다. 초기 수도 운동이 금욕과 관련된 여러 실천을 고안한 이유는 바로 이 때문입니다. 금욕과 관련된 실천은 이를 행하는 사람을 하느님의 방식으로 훈련해 하느님의 사랑이 그에게 뿌리내리고, 그가 하느님의 형상인 다른 사람들을 사랑할 수 있도록 만든다고 그들은 믿었습니다.

하느님을 향한 사랑, 인간에 대한 사랑 사이의 관계에 대한 믿음을 기르기 위한 훈련, 그리고 그 사랑을 이루기 위한 훈련은 수도 운동보다도 훨씬 더 오래되었습니다. 이는 초기 교회가 우리에게 가져다줄 수 있는 가장 중요한 교훈입니다. 우리가 이 교훈의 의미를 이해하고 믿는다면 그리스도교 신앙은 실제 삶과 더 긴밀하게 연결될 것이며 우리는 우리의 어깨를 짓누르고 있는 자기 정죄와 무의식적인 위선을 내려놓을 수 있을 것입니다.

자기-사랑 Self-Love

자기-사랑과 다른 두 가지 사랑, 즉 하느님 사랑과 이웃 사랑의 관계는 매우 중요한 문제입니다. 위대한 안토니우스는 이집트 아르시노에 있는 수도사들에게 쓴 편지에서 이 문제에 관해 이야기했습니다.

... 이웃에게 죄를 짓는 사람은 자신에게 악을 행하는 사람이고, 이웃에게 선을 행하는 사람은 자신에게 선을 행하는

사람입니다. 그렇지 않다면, 누가 하느님에게 악을 행할 수 있겠으며, 누가 하느님을 해칠 수 있겠으며, 누가 하느님을 섬기거나 그분께서 마땅히 받으셔야 할 만큼 그분을 높일 수 있겠습니까? 그러므로 우리가 이 무거운 몸을 입고 있는 동안 서로의 눈을 뜨게 해 각자 안에 있는 하느님의 형상을 일깨우고, 우리 영혼과 서로를 위해 자아를 죽입시다. 그렇게 하면, 우리는 우리를 향한 하느님의 긍휼을 드러내게 될 것입니다.[5]

어떤 의미에서 이 구절은 요한이 보낸 첫째 편지 4장을 안토니우스가 자기 나름대로 풀어쓴 것이라 할 수 있습니다.

> 우리가 사랑하는 것은 하느님이 우리를 먼저 사랑하셨기 때문입니다. 누가 하느님을 사랑한다고 하면서, 자기 형제자매를 미워하면, 그는 거짓말쟁이입니다. 보이는 자기 형제자매를 사랑하지 않는 사람이 보이지 않는 하느님을 사랑할 수 없습니다. 하느님을 사랑하는 사람은 자기 형제자매도 사랑해야 합니다. (1요한 4:19~21)

---

[5] *The Letters of Saint Anthony the Great* (Oxford: Sisters of the Love of God Press, 1975), 17.

다른 곳에서도 말했듯, 안토니우스는 우리가 그리스도의 몸 된 교회 안에서 서로 엮여 있기 때문에 다른 사람에게 하는 선한 일과 악한 일은 모두 자신에게 하는 것이라고 이야기 했습니다. 그리고 여기에 그는 한 마디를 덧붙입니다. 우리는 우리 자신과 상대에게 선을 행할 수도 있고 해를 끼칠 수도 있지만 하느님에게 직접적으로 선을 행하거나 해를 끼칠 수는 없다고 말입니다. 하느님은 모욕을 당하실 수 없으며 물리적인 선물을 받으실 수도 없습니다. 그분은 평범한 인간 행동에 직접적으로 영향을 받지 않으십니다. 인간은 다른 이들과의 관계를 통해서만 하느님에게 영향을 미칠 수 있습니다.

지금까지 우리는 다른 이에게 선을 행해야 하는 이유를 살펴보았습니다. 이제 안토니우스는 자기 자신에 대한 사랑을 하느님 사랑, 이웃 사랑과 연결합니다. 같은 편지에서 그는 하느님께서 우리를 위해 하신 일, 즉 그리스도 안에서, 그리스도를 통해 우리의 상처를 치유하신 일을 언급하고 그분을 향한 감사를 표현합니다. 그리고 이어서 말합니다.

하느님께서 모든 지역에서 우리를 모으신 것은, 우리 마음을 이 땅에서 부활하게 하시고, 우리가 모두 한 몸을 이루게 하시기 위해, 우리가 한 몸을 이루는 지체임을 가르치시기 위해서입니다. 그러므로 우리는 서로 사랑해야 합니다. 이웃을 사랑하는 것은 하느님을 사랑하는 것이고, 하느님을 사랑하는 것은 자신의 영혼을 사랑하는 것이기 때문입니다.[6]

이웃을 사랑한다는 것은 하느님을 사랑한다는 뜻이고, 하느님을 사랑한다는 것은 우리 자신을 사랑하는 것임을 이해하기란 쉽지 않습니다. 첫 번째 부분은 그리스도인들이라면 충분히 수긍할 것입니다. 신약성서에서도 일종의 공리처럼 나오기 때문이지요. 안토니우스의 말이 낯설고 어렵게 다가오는 이유는 하느님을 향한 사랑과 우리 자신에 대한 사랑이 서로 같다고 이야기하는 두 번째 부분 때문일 것입니다.

이 말은 교회는 그리스도의 몸이고, 그리스도는 교회의 머리이시며, 우리는 그 지체이므로 하느님을 향한 사랑은 나를 포함한 그리스도의 몸 전체에 대한 사랑을 수반한다는 바울의 은유를 풀어쓴 것으로 보아야 합니다. 이렇게 이해하면 안토니우스의 이야기는 깊이 묵상할 만한 가치가 충분합

---

6 *The Letters of Saint Anthony the Great*, 22.

니다. 더 중요한 것은 하느님을 향한 참된 사랑은 하느님이 어떤 분인지 아는 데서 일어난다는 것입니다. 하느님이 어떤 분인지 알게 되면 우리는 우리가 하느님의 형상으로 창조되었다는 말의 의미도 알게 됩니다. 우리는 복잡하고 모호한 일상으로 뒤덮인 우리의 형상이 본래의 모습으로 회복되기를 갈망합니다. 이는 자기혐오를 벗어나 자신을 사랑하는 것을 통해 구원을 추구하는 것을 말합니다. 하느님께서는 인간을 너무나 사랑하셔서 성육신, 끔찍한 십자가형, 부활이라는 선물을 주셨습니다. 이를 진실로 받아들인다면 우리는 자신을 포함한 어떠한 인간을 경멸하거나 증오하는 것이 그리스도교 신앙에서는 정당화될 수 없음을 알게 될 것입니다.

성정性情으로서의 사랑

자신에 대한 사랑, 하느님을 향한 사랑, 이웃에 대한 사랑이 서로 얽혀 있다면 그리스도인의 삶의 목표는 사랑이라 할 수 있을 것입니다. 그렇다면 사랑이란 무엇일까요? 사막의 그리스도인들에게 사랑이란 하느님의 은총과 우리가 진실로 바라는 것에 대한 깨달음, 그리고 우리가 하루를 살며 내리는 결단들이 결합해 도달하는 곳이자 이를 느끼고, 보고, 이해하는 방식이었습니다. 달리 말하면, 그들에게 사랑은 성정disposition이었습니다. 그러한 의미에서만 그들에게 사랑은 '목표'였습니다. 사랑은 '언젠가' 이르러야 할 곳, 그곳에 이르면 행복을 누릴 수 있을 거라는 기대를 가지고 나아가야 할 먼 지점이 아닙니다. 사랑은 우리가 일상에서 하는 모든 행동, 심지어 사소한 행동에 작용합니다. 행동들을 빚어내는 원천임과 동시에 지향해야 할 곳이라는 뜻에서 사랑은 삶의 목표입니다.

성정으로서의 사랑에 대해 좀 더 살펴보기 전에 몇 가지 점들을 다루어 보겠습니다. 영어에서는 겹치는 부분이 있으나 서로 다른 두 가지 상태를 모두 '사랑'이라고 부릅니다. 그리고 우리는 이 둘을 뒤섞어 생각하는 경향이 있지요. 우선, 사랑은 '사랑에 빠지다'라는 표현처럼 여러 상황에서 느끼는 감정을 뜻합니다. 사랑은 자발적 감정입니다. 이 감정은 강렬하게 일어날 수도 있고, 아주 짧게 일어날 수도 있고, 오랜 기간 지속될 수도 있습니다. 이때 사랑은 무언가 다가올 때 우리 안에서 일어나는 기분으로, 따뜻하고 긍정적인 감정을 동반합니다. 그리고 이것이 우리의 원칙, 가치와 충돌할 수도 있습니다. 이런 사랑은 꼭 어떤 행동을 끌어내지는 않습니다. 특정 방식으로 행동하도록 밀어붙일 수는 있지만, 꼭 그 감정에 따라 행동해야 하는 것은 아니지요(이에 관해서는 4

장에서 다시 한번 이야기해 보도록 하겠습니다).

한편, 우리는 마음 깊은 곳에서 우러나오는 태도, 상대를 향한 헌신, 그러한 성향을 가리킬 때도 사랑이라는 말을 씁니다. 이 사랑의 특징은 (물론 그 일부라 할 수는 있지만) 감정이 아니라, 대상 혹은 상대를 향한 헌신입니다. 그리고 이 헌신은 우리의 보는 방식, 이해하는 방식, 행동하는 방식을 형성하지요. 감정으로서의 사랑은 행동으로 적절하게 표현될 수도 있고 그렇지 않을 수도 있습니다. 하지만 성정으로서의 사랑은 반드시 행동으로 이어집니다. 내가 내 아이를 사랑한다면, 나는 아이에게 애틋한 감정을 가질 뿐만 아니라 최선을 다해 아이를 기르고, 내가 선하고 참되다고 믿는 것을 가르치고, 자신과 타인을 돌보는 법을 익히도록 양육할 것입니다. 설령 나쁜 하루를 보내 아이를 포함한 모든 사람에게 좋지 않은 감정이 든다 할지라도 아이에게 "난 이제 너를 사랑하지 않아"라고 말하지 않습니다. 오히려 그 감정을 다스리려 노력하고 계속 아이를 돌보려 노력할 겁니다. 마찬가지로, 배우자에게 사랑의 감정을 느껴도 그 감정과 함께 매일 매일 크고 작은 친절을 베풀려는 마음, 배려하는 마음, 봉사하는 마음, 구체적인 행동으로 상대의 행복을 기원하고 또 이루어주려는 마음이 없다면 그 감정은 결혼생활을 이어가는 동력이 되지 못합니다.

성정으로서의 사랑에 바탕을 두고 이루어지는 행동은 일 반적으로 사람들이 의무라 여기는 것과 비슷하게 보이는 경우가 많습니다. 하지만 의무와 달리 이 행동에는 상대를 돌보려는 의지, 달리 말하면 다른 사람을 책임지려는 의지가 포함되어 있습니다. 그리고 많은 경우 사랑하는 사람은 자신의 정서적 편안함을 기꺼이 희생해야 합니다. 자녀가 무언가를 원한다 할지라도 그것이 자녀에게 좋지 않을 경우, 부모는 자녀의 원망을 듣는 불편함을 감내하더라도 자녀에게 "안돼"라고 말하지요. 자연스럽게 발현되는 이런 사랑은 간혹 우리의 즉각적인 욕구와 필요에 반하는 선택을 요구하기도 합니다(생후 2개월 된 아이를 둔 부모는 아무리 혼자 밖에서 시간을 보내고 싶더라도 아이를 집에 두고 나갈 수는 없습니다). 이런 선택은 다른 사람에게는 거의 불가능한 것처럼 보입니다. 그다지 사랑스러워 보이지 않는 사람에게는 더더욱 그렇겠지요. 그렇기에 성정으로서의 사랑은 평생에 걸친 훈련이 필요합니다. 초기 그리스도인들은 이를 흥미로운 이야기로 표현했습니다.

어느 날 압바 아가톤이 약간의 물건을 팔러 도시로 가다가 길가에서 두 다리가 마비된 장애인을 만났다. 그는 아가톤에게 어디에 가느냐고 물었다. 압바 아가톤이 대답했다. "물건을 팔러 도시로 갑니다." 그가 말했다. "나를 도와주시오. 나를 일으켜 거기에 데려다주시오." 그래서 아가톤은 그를 업어서 도시로 데려갔다. 그가 말했다. "물건을 파는 곳에 나를 내려놓아 주시오." 아가톤은 그렇게 했다. 아가톤이 물건을 하나 팔자 그가 물었다. "얼마에 팔았소?" 아가톤이 그에게 값을 말해 주었다. 그러자 그가 "빵 하나만 사 주시오"라고 요구했다. 아가톤은 빵을 사 주었다. 압바 아가톤이 또 다른 물건을 팔자 그가 물었다. "그것은 얼마에 팔았소?" 그 값을 말하자 그가 말했다. "이것 좀 사 주시오." 아가톤은 그것을 사 주었다. 아가톤이 자기 물건을 모두 팔고 떠나려는데 장애인이 물었다. "떠날 겁니까?" 아가톤은 "그렇습니다"하고 대답했다. 그러자 그가 말했다. "나를 처음 보았던 곳으로 다시 데려다주시오." 아가톤은 그를 업고 그 장소로 다시 데려다주었다. 그러자 그가 말했다. "아가톤, 당신은 하늘과 땅에서 주님의 축복을 가득히 받았습니다." 아가톤이 눈을 들자 아무도 없었다. 그는 아가톤을 시

험하러 온 주님의 천사였다.[7]

이 두 가지 사랑, 즉 감정으로서의 사랑과 긴 시간에 걸쳐 익혀야 하는 마음의 태도로서의 사랑은 상당히 다르지만, 우리는 언제나 둘을 혼동합니다. 서로에 대한 사랑의 감정을 느끼고 결혼을 했다가, 현실적인 요구와 마주했을 때 당혹스러워하고 배신감을 느끼는 경우를 우리는 자주 봅니다. 좋은 감정으로서의 사랑은 결코 행복한 결혼 생활의 기초가 될 수 없습니다. 이 원리는 다른 관계에도 적용됩니다. 부모는 자신의 아이에게 사랑의 감정을 느낍니다. 하지만 그 감정은 어려운 시기에 접어들면 손쉽게 분노로 변하고 급기야는 아이를 향한 폭력으로 이어지기까지 하지요. 친구 역시 마찬가지입니다. 저 두 사랑을 혼동하면 친구와 긴 시간에 걸쳐 우정을 나누는 건 불가능합니다. 잠시 좋은 감정에 시간을 보내다 깨지기를 반복하게 되지요.

그렇다면 왜 우리는 감정으로서의 사랑과 헌신 혹은 성정으로서의 사랑을 혼동하는 것일까요? 그건 아마도 우리가 긴 시간에 걸친 헌신이 끊임없는 선택으로 이루어지는 사

---

7 *The Sayings of the Desert Fathers*, Agathon 30, 25.

랑이라는 점을 간과하기 때문일 것입니다. 자녀에 대한 사랑, 부모에 대한 사랑, 다른 가족 구성원에 대한 사랑, 친구에 대한 사랑은 마음에서 저절로 일어나는 것처럼 보입니다 (애틋한 감정이 일어나지 않은 채 자신이 낳은 갓난아기를 돌보는 사람은 없겠지요). 그래서 우리는 성정으로서의 사랑이 실제로 노력 없이는 지속되지 않는다는 점에 대해서는 잘 생각하지 않습니다.

여기서 우리는 기질temperament와 성정을 구분해야 합니다. 우리는 어느 정도 기질을 가지고 태어납니다. 기질은 부모, 교사, 친구들과의 관계를 통해 어느 정도 조절될 수는 있지만, 어린 시절부터 성인이 될 때까지 계속 이어집니다. 기질은 낙관적인 성격, 비관적인 성격, 폭력성, 사랑스러움, 침착함, 급함 등 한 사람이 세상을 대하는 기본적인 특징, 혹은 자연스러운 태도입니다. 이는 성정과 다릅니다. 성정은 긴 시간에 걸친 선택과 성장을 통해 형성된 마음의 태도를 말합니다. 사랑이라는 감정에 잘 빠지는 '기질'이 있다고 해서 사랑이라는 '성정'을 지닌 것은 아닙니다. 사랑에 잘 빠지는 사람도 얼마든지 다른 사람에 대해 무심하고 무책임할 수 있기 때문입니다.

두 가지 사랑을 혼동하는 데는 다른 이유도 있습니다. 성정으로서의 사랑은 다른 무엇보다 헌신과 깊은 관련이 있지만, 오랫동안 지속되는 깊은 감정 없이는 헌신이 불가능하다는 것을 우리 모두 잘 알고 있기 때문이지요. 순전히 의무감으로 올바른 일을 하는 사람을 우리는 종종 봅니다. 그때 그의 행동은 옳다 할지라도 차갑게 느껴지거나, 어떨 때는 심지어 적대적으로 보이기까지 합니다. 그 행동이 사랑이 아니라 순전히 의무감에 바탕을 두고 있음을 느낄 수 있기 때문입니다. 어떤 부모는 자식을 보는 것조차 견디기 힘들어하면서 "자식한테 잘해야지"라고 말합니다. 어떤 사람은 배우자의 꼴도 보기 싫어하면서 "부부간에 사랑해야지"라고 말하지요. 우리는 그런 사람들이 사랑을 하고 있지 않다는 걸 압니다. 한 사람을 사랑하더라도 그, 혹은 그녀를 향해 언제나 사랑의 감정이 일어나지는 않습니다. 하지만 그, 혹은 그녀를 향한 감정과 행동 사이에는 연속성이 있어야 합니다. 이러한 맥락에서 감정으로서의 사랑은 성정으로서의 사랑의 일부가 되어야 합니다. 그걸 우리는 무의식적으로라도 알기에 둘을 혼동합니다.

초기 그리스도인들도 삶을 살아가는 동안 친구를 포함해 자연스럽게 관계를 맺게 되는 사람들을 사랑하는 것이 중요하고 또 어려운 일이라고 생각했습니다. 하지만 이것이 사랑하라는 복음의 명령 전체 의도는 아니라고 생각했지요. 그들은 낯선 사람, 범죄자, 어려운 이웃, 우리를 조롱하는 사람, 심지어 원수까지도 사랑해야 한다고 믿었습니다. 그리고 그들을 우월한 태도가 아니라 하느님의 사랑을 받는 인간, 우리 자신과 마찬가지로 결점이 있는 존재로 바라보고 사랑해야 한다고 여겼습니다. 복음은 우리에게 그들을 멀리서가 아니라 가까이서, 개별적인 인격체로서, 구체적인 방식으로 사랑할 것을 요구합니다. 복음은 그들을 멸시하거나 "그는 사랑받을 만한 자격이 없어"라고 말해서는 안 된다고 이야기합니다. 복음은 누군가 자신의 의무를 다하고, 세금을 내고, 선한 일을 하는 데 일정 시간을 쏟았다고 해서 사랑의 의무를 다했다 할 수 없다고 말합니다. 이는 모든 사람을 똑같이 대하라는 뜻이 아닙니다. 모든 사람을 똑같이 대하라는 요구는 복음에 없습니다. 하지만, 복음은 우리에게 사랑의 성정으로 모든 사람을 대하라고 명령합니다. 이러한 성서의 명령은, 가까이에 있는 사람들에 대한 사랑처럼 합리적이고 이치에 맞아 보이지 않습니다. 오히려 터무니없고 불가능한 요구처럼 보이지요. 그런 사랑은 인간에게는 불가능해 보입니다. 성서가 정말 그런 사랑을 요구하는 것일까요? 초기 그리스도인들은 그렇게 생각했습니다.

다시 한번, 감정으로서의 사랑, 그리고 오랜 기간에 걸친, 하느님의 은총에 기댄 선택과 헌신으로 드러나는 성정으로서의 사랑의 차이를 기억해봅시다. 그리스도인의 사랑은 그리스도교인이 되는 순간, 즉시 하느님께서 주시는 은총의 선물로 인해 생겨나는 것이 아닙니다. 사랑하지 못한다고 해서 절망에 빠져서도 안 되고, 위선에 빠져서도 안 됩니다. 그리스도인에게 사랑은 삶의 목표입니다. 하지만 여행의 목적지와 같은 의미에서의 목표는 아닙니다. 특정 목적지가 있는 여정에는 끝이 있지만, 완전한 사랑에는 끝이 없습니다. 완전한 사랑이라는 목적지에는 도착할 수도 있고, 도착하지 못할 수도 있습니다. 만약 도착한다 해도 더 갈 곳이 없을지도 모릅니다. 사랑이 목표라면 좋은 의사나 사목자, 엄마가 되는 것이 목표라는 의미에서의 목표입니다. 성직자로 안수를 받는다고 해서 모든 것이 완결된 것이 아닙니다. 오히려 그때부터, 천천히 그는 성직자가 되어갑니다. 누군가 성직자가 되었다면 그는 부름을 받고, 신학을 배우고, 오랜 기간에 걸쳐 성직자로서의 소명을 깨닫고, 성직자의 길을 걷겠다는 결단을 내렸을 것입니다. 그 뒤 성직 안수를 받았다고 해서 '이제 나는 완전한 성직자야. 이제 더 고민할 건 없어'라고 생각하지는 않겠지요. 대신 성직자라는 목표는 성직자로서 결정을 내릴 때, 자신이 바라는 성직자가 되게 해주는 행동을 할 수 있도록, 그런 태도와 습관을 기를 수 있도록, 자신의 성직자로서의 '현재'를 형성하는 데 도움을 줄 것입니다.

바로 이런 의미에서, 사랑은 초기 교회 교사들의 목표였습니다. 그들은 자신의 모든 행동과 생각과 상상이 사랑으로 가득 차기를 바랐으며 사랑의 성정을 지니기를 원했습니다. 하지만 그들은 이에 관해서는 그리 많은 이야기를 하지는 않았습니다. 사랑이라는 목표에 대해 이야기하는 것조차 적절하지 않다고 생각했기 때문입니다. 하지만 그들은 늘 사랑을 성찰하고 이를 다른 사람들을 대함에 있어 우선순위를 정하고 결정을 내리는 데 활용했습니다. 다음은 주교가 된 한 수도사가 사생아를 임신한 소녀를 어떻게 대했는지를 다룬 이야기입니다.

위대한 선으로 나아간 압바 암모나스에게는 어떤 사악한 흔적도 없었다. 그가 주교가 된 후 어떤 사람이 임신한 어린 소녀를 그에게 데려와서 말했다. "이 비참한 인간이 행한 바를 보십시오. 그녀에게 벌을 주십시오." 그러나 암모나스는 그 어린 소녀의 배에 십자 성호를 긋고, 고운 모시 세 벌을 그녀에게 주라고 명령하며 이렇게 말했다. "그녀가 출산할 때 그녀나 아이가 죽을 수 있습니다. 어떤 일이 일어날지 모르는데 아무것도 갖고 있지 않아 걱정이 되네요." 그런 암모나스에게 고발자들이 말했다. "왜 그렇게 하셨습니까? 그녀에게 벌을 주십시오." 암모나스가 말했다. "형제들이여, 보시오. 그녀는 죽음이 가까웠습니다. 내가 무엇을 해야 한단 말입니까?" 그러자 그들은 그녀를 돌려보냈고 누구도 더는 감히 암모나스를 비난하지 않았다.[8]

암모나스를 따르던 이들은 그가 하느님의 정의를 집행하기를 바랐습니다. 암모나스는 교회를 대표했고 소녀는 죄를 지었기에 그가 어떤 형벌을 내릴지를 결정해야 했지요. 암모나스가 다른 이들에게 관심을 기울이지 않고 하느님과의 연합에만 골몰했다면 소녀를 다른 사람에게 보냈을 것입니다. 그러나 그의 목표는 사랑이었기에 그는 소녀를 사랑으로 대했습니다. 암모나스는 어린 소녀(아마 열세 살 정도였을 것입니다)가 가족과 하느님의 율법을 준수하려 하는 '선한' 신자들에게 버림받았다는 것을 알았을 것입니다. 출산을 앞두고 그녀는 죽음의 위기에 처해 있었으며 너무 가난해 장례를 치를 비용

---

8 *The Sayings of the Desert Fathers*, Ammonas 8, 27.

도 없었을 것입니다. 그래서 암모나스는 그녀에게 모시를 준 것이겠지요.

성정으로서의 사랑은 추상적인 원칙에 따라 움직이지 않습니다. 이 사랑은 우리가 매일 만나는 한 사람 한 사람의 실질적인 필요를 늘 살피고 반응하는 것이기 때문입니다.

은총과 인간의 노력

사랑은 어려운 활동이 될 수 있습니다. 사랑하기를 원해도 억지로 사랑한다는 것은 불가능하기 때문입니다. 인간의 노력은 그리스도인의 목표와 갈망, 특히 사랑을 이루는 데 필요한 두 가지 요소 중 하나에 불과합니다. 다른 하나는 하느님의 은총입니다. 은총 없이는 아무것도 이루어질 수 없습니다. 초기 교회 신학에서는 저 두 요소가 결합하는 방식을 매우 중요하게 다루었습니다. 그리고 이를 설명하기 위해 '신인협력'synergism이라는 표현을 쓰기도 했지요.

3세기 그리스도교 작가인 알렉산드리아의 오리게네스Origen of Alexandria는 우리의 노력과 하느님 은총의 관계를 설명하기 위해 바다를 항해하는 배라는 은유를 든 적이 있습니다. 그는 삶은 배와 같고 우리는 배의 선장과 같다고 이야기 했습니다. 바다는 위험하고 자칫하면 끔찍한 일을 당할 수도 있기 때문에, 배가 난파되지 않고 항구에 도착하려면 선장은 배를 움직이는 기술을 갖추어야 하고, 또 주의를 기울여야 합니다. 하지만 무엇보다 바다에 있는 배가 항구에 도착하기 위해서는 바람이 필요합니다. 돛을 펄럭이게 해 배를 움직이는 것은 근본적으로 바람입니다. 이에 견주면 선장의 기술은 미미하지요. 오리게네스는 하느님의 은총과 도움이 바로 이 바람과 같다고 이야기합니다. 선장이 아무리 기술이 좋아도 바람이 불지 않는다면 배는 움직일 수 없을 것입니다. 하지만 아무리 커다란 바람이 분다 해도 선장이 자신의 모든 기술과 힘을 다하지 않는다면 배는 항구에 도착할 수 없을 것입니다. 마찬가지로 우리를 구원하시는 분은 하느님이십니다. 모든 초기 그리스도교 신학자들과 수도사들이 단언했듯, 우리 스스로는 구원을 이룰 수 없습니다. 하지만 아무런 노력 없이 하느님께 사랑하게 해달라고 기도한다고 해서 사랑하게 되는 것도 아닙니다. 하느님의 은총은 번개 같기보다는 돛에 부는 바람과 같습니다. 우리가 진실로 참여하고자 하지 않는다면, 하느님께서는 우리의 마음을 바꾸지 않으십니다.

초기 그리스도교 문헌들에는 은총과 인간의 노력의 관계에 관한 이야기가 많이 담겨 있습니다. 여기서는 안토니우스의 이야기를 들어보겠습니다. 이야기에서 한 수도사가 유혹,

자신이 통제할 수 없는 습관과 관련해 안토니우스에게 조언을 구하고 기도를 요청합니다.

> 한 수도사가 압바 안토니우스에게 말했다. "저를 위해 기도해 주십시오." 안토니우스가 답했다. "당신이 노력 없이 하느님께 기도만 한다면, 저는 당신에게 자비를 베풀지 않을 것입니다. 물론 하느님께서도 그러하실 겁니다."[9]

조금 풀어보면, 안토니우스는 이렇게 답했다고 볼 수 있습니다. "아니오. 당신을 위해 기도하지 않겠습니다. 당신 스스로 문제를 해결하려는 어떤 노력도 기울이지 않고, 노력 없이 기도만 한다면, 저의 기도는 당신에게 아무런 도움도 되지 못할 것입니다. 당신이 문제를 해결하고자 하지 않고, 이를 위해 애쓰지 않는다면 하느님께서는 당신을 곤경에서 벗어나게 해주지 않으실 겁니다."

그렇다면 어떻게 해야 할까요? 우리는 어떤 노력을 기울여야 할까요? 우리는 하느님의 은총이 어떻게 임하는지 정확히 알지 못합니다. 하지만 우리는 우리가 무엇을 원하는지

---

9 *The Sayings of the Desert Fathers*, Anthony 16, 4.

는 알 수 있습니다. 그리스도인으로서 이를 아는 것은 매우 중요합니다.

> 압바 안토니우스가 말했다. "대장장이는 낫이든 칼이든 도끼든 자기가 무엇을 만들지 먼저 생각합니다. 우리도 헛되이 수고하지 않으려면 우리가 얻고자 하는 덕을 생각해야 합니다."[10]

우리가 사랑을 하고자 한다면, 추상적인 사랑을 목표로 삼아서는 안 됩니다. 사랑으로 나아가기 위한 구체적인 자질이 무엇인지 알아야 합니다. 대표적으로는 인내나 다른 사람의 말에 귀 기울이는 능력을 들 수 있을 것입니다. 또한, 우리는 우리가 피해야 할 것이 무엇인지도 알아야 합니다. 다른 사람에게 원한을 품거나 험담하는 것을 그 예로 들 수 있겠지요. 이 모든 것이 분명하게 보이고 쉽게 다가올 때도 있습니다. 하지만 때로 세상의 방식에 물들어, 유혹에 빠져서, 혹은 오랜 기간에 걸쳐 형성된 자신만의 틀에 갇혀있어서 무엇이 잘못되었는지조차 알지 못할 때도 있습니다. 무언가 잘못되

---

10 *The Sayings of the Desert Fathers*, Anthony 35, 8.

었다는 것은 알아차렸지만 어디서부터 손보아야 할지 몰라 무력감에 빠질 수도 있습니다. 이런 상황에서, 초기 그리스도인들은 작지만, 그럼에도 매우 중요한 일을 해볼 것을 권고합니다. 바로 "하느님, 도와주세요"라고 그분께 도움을 구하는 것입니다. 이건 언제나 할 수 있는 일입니다. 초기 사막 그리스도인들은 우리 스스로 만들어 낸 강박과 사회적 상황이 우리를 끊임없이 옭아맨다는 점을 누구보다 잘 알고 있었습니다. 하지만 그러한 와중에도 언제나 하느님께 도움을 구할 수 있다고 이야기했습니다. 불우한 가정에서 태어났거나 살고 있다고 하더라도, 환경이 열악하다고 하더라도, 기본적인 생필품이 부족하다고 하더라도 반드시 하느님으로부터 멀어져야 하는 것은 아닙니다. 언젠가 가자의 도로테우스는 하느님께서는 분투하는 이를 불쌍히 여기신다고 이야기한 적이 있습니다. 같은 맥락에서 그분은 아무런 고민 없는 신자보다 자신에게 다가오는 유혹에 맞서 분투하는 살인자를 더 긍휼히 여기실 것입니다. 설령 그가 그 유혹에 굴복한다 할지라도 말이지요.

은총의 통로

그렇다면 하느님의 은총은 어떻게 체험할 수 있을까요?

은총은 우리가 구하든 구하지 않든 갑자기 내리꽂는 번개 같은 것이 아닙니다. 하느님께서 그런 방식으로 일하시지 않는다는 이야기가 아닙니다. 그러나 그분은 시계공이 시계를 고치듯 우리와 관계를 맺지 않으십니다. 그분께서는 당신의 형상을 따라 창조된 우리의 자유를 침해하지 않으십니다. 그러니 아무 일도 하지 않은 채 "하느님, 제가 사랑할 수 있게 해 주세요"라는 기도를 반복해서 드린다면 하느님께서는 아무런 응답도 하지 않으실 겁니다.

은총은 우리가 기대하는 종교 체험이 아닙니다. 초기 그리스도인들은 종교 체험을 불신했습니다. 인간은 자기의 필요와 욕구를 우주의 진리로 만들어버리는 능력이 있음을 알았기 때문이지요. 그들은 종교 체험이 삶에 어떤 영향을 미치는지, 어떤 악영향을 미칠 수 있는지를 너무나도 잘 알고 있었습니다. 현대인인 우리도 그 악영향에 대해서는 잘 알고 있습니다. 이를테면 신에게 누군가를, 어떤 집단을 죽이라는 메시지를 받았다는 사람에 관한 이야기를 우리는 종종 접합니다. 하지만 사막의 그리스도인들은 그보다 훨씬 더 생생하고 정말로 있을법한 종교 체험조차 경계했습니다. 종교 체험으로 인해 다른 그리스도인들의 삶을 거짓으로 간주하고, 증언을 무시하며, 친교를 거부하는 일들이 있었기 때문입니다.

물론 모든 종교 체험 자체를 부정적으로 여기지는 않았습니다. 하지만 그들은 종교 체험을 은총의 증거로 여기지 않았으며, 은총의 통로로 여기지도 않았습니다. 누군가 종교 체험을 했다면, 그 체험은 성서와 그리스도, 공동체를 통해 드러난 하느님의 계시에 비추어 검증받아야 했습니다. 그리고 종교 체험의 가치는 하느님을 향한 사랑, 하느님의 형상인 인간에 대한 사랑이라는 목표에 견주면 그리 대단하지 않다고 생각했습니다.

구체적인 이야기로 표현하지는 않았지만, 사막의 그리스도인들에게 은총이란 하느님, 세상, 다른 사람들, 우리 자신을 알고 사랑하게 하는 하느님의 도움을 뜻했습니다. 그래서 성사, 세례, 성찬을 통해 이 은총을 받아들일 수 있기를 고대했지요. 그들은 자신들이 그리스도의 몸을 이루고 있으며 그리스도는 자신들의 머리이고, 자신들이 그리스도의 몸을 이루는 지체로서 성찬에 참여하기 위해 모일 때 하느님께서 은총을 베푸신다는 것을 알고 있었습니다. 또한, 그들은 기도하며 은총을 구했습니다. 시편 암송부터 침묵에 이르기까지 기도의 방식은 다양했지만, 초기 그리스도인들은 기도가 신앙에 필수적이며 은총의 통로라는 데 생각을 같이했습니다 (어떻게 이런 일이 일어날 수 있었는지에 대해서는 5장에서 다루어 보겠습니다).

성사, 기도와 더불어 사막의 그리스도인들에게 은총의 세 번째 통로는 다른 사람들이었습니다. 크고 작은 공동체들의 압바와 암마는 삶의 모범이자 말씀을 가르치는 스승이었습니다. 사막 공동체의 구성원들은 그리스도교의 규율을 지키기 위해 노력했고, 그 과정에서 일어나는 내적 고민들을 압바와 암마에게 털어놓았습니다. 압바와 암마는 그들의 마음을 들여다보고 통찰을 주거나 훈련, 실천을 권고하기도 하고, 사막 그리스도인들의 금언집에 나오는 것처럼 이야기와 금언을 들려주기도 했습니다. 그들은 서로가 서로의 그리스도가 되기를 바랐고, 이를 실천했습니다. 이런 역할을 할 수 있는 친구가 있다는 건 참 복된 일이지요. 이들은 모든 사람이 은총의 참된 통로가 되기를 바랐습니다. 어떤 그리스도인은 이교도 사제들로부터 중요한 가르침을 받기도 했습니다. 현대의 우리는 '나'와 다르다는 이유로, 사회적으로 불편하다는 이유로 다른 사람을 무시해 이런 기회를 놓치는 경우가 많지만 말입니다.

세상에는 친절한 사람도 많지만, 그만큼 다른 사람에게 도움을 받기를 힘들어하는 사람도 많습니다. 한 사람이 금전적으로 커다란 도움을 준 친구에게 감사의 마음을 담아 돈을 주려 했습니다. 하지만 도움을 준 친구는 그 사람을 잘 알고 있었습니다. 그는 그 사람이 자신이 준 도움을 빨리 갚아야 할 빚으로 받아들이고 있음을 지적하고, 복음의 본질은 모든 형태의 은총을 대가 없이 받는 것임을 알아야 한다고, 이를 깨닫기 전에는 복음을 이해하지 못할 것이라고 이야기해 주었습니다. 이 이야기를 들은 그 사람은 정신을 차리고 사랑은 주고 싶은 것이지 돌려받고 싶어 하는 것이 아님을, 그래서 사랑은 받은 사람이 '신세를 졌다'는 느낌이 들게 하는 것이 아님을, 자기도 모르게 그런 식으로 사랑을 이해해서 자기 자신과 다른 사람에게 상처를 주고 있음을 깨닫게 되었습니다. 이후 그 사람은 감사하는 마음으로 다른 사람의 도움을 받아들이는 법을 익히기 시작했습니다. 이 경험은 그 사람의 삶에서 일종의 전환점이 되었습니다.

그는 도로테우스가 강조한 점, 우리가 받는 것은 어떤 일에 대한 대가가 아니라는 것, 선을 행할 수 있는 능력조차 하느님께서 주신 선물이라는 것을 배웠습니다. 이 이야기는 은총이 다가오는 방식, 즉 은총은 다른 사람을 통해 예기치 않게, 뜻밖의 모습으로 다가온다는 것을 보여주는 좋은 예입니다. 동시에 이 예는 우리가 은총이 다가올 때 어떻게 반응해야 하는지를 보여주기도 합니다. 누군가는 도움을 준 사람이

위와 같은 조언을 한다면, 당황하거나 화를 낼 수도 있습니다. 심지어 어쩌면 무시할 수도 있습니다. 하지만 그렇게 했다면 다가온 은총이 그 사람에게 어떤 영향도 미칠 수 없었을 것입니다. 하지만 이를 받아들여 생각해 보고, 자신을 돌이켜 조언에 감사한다면 (종종 가르침을 기억하면서) 다른 사람, 세상, 하느님을 다른 시각으로 바라보게 됩니다.

그리스도인의 삶에서 은총은 갑자기 찾아와 단번에 우리의 눈을 뜨게 해주지 않습니다. 은총은 끊임없이 우리를 찾아옵니다. 이에 응답할 때, 우리는 더 깊은 사랑으로 나아가고, 궁극적으로는 우리 안에 있는 하느님의 형상을 회복하게 됩니다. 은총이 찾아오고 이에 반응하는 여정은 나선형으로 이루어져 있습니다. 한 가지 예를 더 들어봅시다. 제가 아는 한 사람은 오랜 시간 어머니와 관계가 좋지 않았습니다. 그녀에게 어머니는 가혹하고 사랑이 없는 사람처럼 보였습니다. 하지만 그녀는 어머니의 사랑을 갈구했고, 성인이 되어서도 어머니를 두려워하지 않기 위해 애를 썼지요. 그녀가 35세쯤 되었을 때, 그녀는 어머니를 알던 사람을 만났습니다. 그는 그녀에게 (그녀가 전혀 몰랐던) 어머니의 불행한 유년 시절을 들려주었지요. 그녀는 어머니를 보호하고 돌보고 싶다는 새로운 열망에 사로잡혔습니다. 그녀의 눈에 어머니는 더는 힘 있는 인간이 아니라 온유함과 관심이 필요한 인간으로 보였습니다. 그렇게 그녀는 자신의 과거에 매이지 않으면서 한 사람을 사랑할 수 있는 자유를 얻었습니다. 시간이 흐를수록 그녀는 어머니를 더 정직하게 바라보고 그만큼 인간에 대한 통찰력을 갖게 되었으며, 어머니도 그녀의 사랑에 반응해 성장했습니다. 제대로 보고, 관심을 기울이자 타인에 대한 불안과 불신은 사라졌습니다. 이윽고 그녀는 자신의 어머니 역시 은총의 통로임을 깨달았습니다.

처음 은총이 찾아왔을 때 그녀에게는 선택권이 있었습니다. 어머니의 유년 시절 이야기를 듣고 화를 낼 수도 있었고, 거부할 수도 있었습니다. 하지만 그녀는 이를 받아들였지요. 이후 그녀에게 일어난 일은 끊임없이 다가오는 은총에 그녀가 끊임없이 긍정적으로 반응함으로써 가능했습니다.

이처럼 은총은 단 한 번 찾아오지 않습니다. 은총을 받은 사람은 이전에는 보지 못했던 것을 볼 수 있게 됩니다. 그리고 또다시, 그 상태에서 자신을 향해 은총이 다가오고 있음을 감지하고, 받아들이고, 점점 더 많은 것을 볼 수 있게 되고, 점점 더 깊이 사랑할 수 있게 되지요. 은총은 이렇게 우리에게 찾아와 우리를 변화시킵니다.

가진 사람에게는 더 주어서 넘치게 하고, 갖지 못한 사람에게서는 있는 것마저 빼앗을 것이다. (마태 25:29)

은총은 결코 아무런 노력 없이도 받을 수 있는 것이 아닙니다. 은총을 받기 위해서는 끊임없이 주의를 기울이고, 기꺼이 경청하고, 바라보아야 합니다. 압바 포이멘은 말했습니다.

모세가 양 떼를 미디안으로 이끌지 않았다면, 그는 덤불 속에 있는 분을 보지 못했을 것입니다.[11]

은총은 우리가 나누는 사랑의 차원에 온전히, 그리고 완전히 임합니다. 이러한 맥락에서 은총은 개인과 연결됩니다. 그러나 은총은 단순히 한 사람과 하느님의 관계에 한정되지 않기에 궁극적으로 개인의 영역을 넘어섭니다. 은총을 생각할 때 우리는 도로테우스가 그린 원을 떠올려야 합니다. 은총을 통해 우리가 하느님께 가까이 갈수록 우리는 서로 가까워집니다.

---

[11] *The Sayings of the Desert Fathers*, Poemen 195, 194.

III

겸손

그리스도인의 삶의 목표는 사랑, 하느님과 이웃에 대한 사랑입니다. 그러나 초기 그리스도인들은 우리 삶에 사랑을 위한 자리가 거의 없음을 깨달았습니다. 우리와 마찬가지로 그들이 속한 문화 역시 권력을 향한 끊임없는 다툼과 타인을 지배하려는 욕구로 가득 차 있었기 때문입니다. 사람들은 이웃과 함께 누릴 수 있는 장기적인 번영에 관심을 기울이기보다는 단기적인 자기만족에 골몰했습니다. 이웃을 사랑하기보다는 항상 자기가 옳다는 욕구, 만족을 모르고 더 커지는 욕구, 돈, 소유, 명성, 음식에 대한 욕구를 채우기 위해 애쓰는 사람들의 모습을 본 초기 그리스도인들은 이는 어떤 식으로든 이웃으로부터, 특히 가난한 사람들로부터 자신을 지키려는 욕구와 관련이 있다고 생각했지요. 사랑을 가로막는 장애물들이 너무나 많았습니다. 이런 세상의 기준에 맞춰 살면서 누군가를 제대로 사랑하기를 기대할 수는 없었지요. 사막의 그리스도인들은 자신의 기본적인 태도, 세상과 사물을 바라보는 기존의 방식을 완전히 버리고 바꿀 때만 가족, 재산, 직업을 가지고 '세상 속에서' 그리스도인으로 살아갈 수 있다고 믿었습니다. 수도 생활을 택한 그리스도인들은 여기서 더나아가 자신들을 둘러싼 문화뿐만 아니라 자신들 안에 자리잡은 문화도 철저하게 포기해야만 올바른 사랑을 할 수 있게 된다고 믿었지요. 그래서 그들은 재산을 팔고, 결혼을 거부하고, 직업을 포기하는 등 자신들을 둘러싼 문화가 소중히 여기는 모든 것에 등을 돌렸습니다.

현대를 사는 우리가 보기에 이런 모습은 자기 파괴적인 행동처럼 보일 수 있습니다. 그러나 그들이 이런 선택을 하게 된 이유가 있습니다. 한 예로, 그들은 결혼을 결코 악하다고 말하지 않았습니다. 단지 결혼이 자기기만과 유혹의 끊임없는 통로가 될 수 있다고 보았을 뿐입니다. 다음 장에서는 이러한 유혹들에는 무엇이 있는지, 그것이 어떠한 우리에게 어떠한 영향을 미치는지, 이 유혹들과 관련된 통로들을 완전히 포기하는 급진적인 선택을 하지 않고도 유혹에 맞설 수 있는 길은 무엇인지에 대해 이야기해 보도록 하겠습니다.

일상에서 벗어나는 것은 수도 생활의 외적 시작에 불과했습니다. 수도 생활의 근본적인 동기는 물질의 포기보다는 사랑을 가능케 하는 마음의 태도를 기르는 것이었습니다. 이러한 맥락에서 수도 생활은 사랑의 훈련이었고, 훈련하는 마음의 태도는 '겸손'이라는 이름으로 불렸습니다.

어느 날 압바 마카리우스가 종려나무 잎들을 짊어지고 늪지에서 자기 처소로 돌아가던 중, 길에서 긴 낫을 들고 있는 악마를 만났다. 악마는 그를 치려고 했지만 그럴 수 없었다. 악마가 그에게 말했다. "마카리우스, 도대체 너의 능력이 무엇이기에 너에게 맞서는 나를 무력하게 하느냐? 나도 네가 하는 모든 것을 한다. 나도 너처럼 아무것도 먹지 않는다. 나도 너처럼 전혀 잠을 자지 않는다. 네가 나를 뛰어넘는 것은 단 하나뿐이다." 압바 마카리우스는 그것이 무엇이냐고 물었다. 악마가 말했다. "너의 겸손이다. 너의 겸손이 나를 무력하게 한다."[1]

---

1 *The Sayings of the Desert Fathers*, Macarius 11, 130.

실로 그러합니다. 그리스도인이 되고자 하는 이들에게 자신이 원하는 것을 얻기 위해 금식을 하는 일, 욕구를 끊는 것은 쉬운 일입니다. 악마도 그런 일에는 능숙합니다. 그렇기에 초기 그리스도인들에게 그리스도인의 표식은 포기나 영웅적인 미덕, 선행이 아니라 겸손이었습니다.

> 압바 안토니우스는 원수가 세상에 퍼뜨린 올가미들을 보고 탄식하며 물었다. "아, 이 올가미들을 통과하기 위해서는 어떻게 해야 한단 말입니까?" 그러자 한 음성이 들렸다. "겸손하라."[2]

초기 그리스도인들이 은총을 통해 (자신을 포함한) 옛 피조물을 새롭게 하는 위대하고도 위험한 일을 감당할 수 있게 해 준 것은 겸손이었습니다. 하지만 그들은 이 겸손, 자신과 세상을 변혁하는 마음의 태도를 어떻게 지닐 수 있었을까요? 가장 근본적으로는 모든 인간이 하느님께서 사랑하시는 피조물이라고 확신했기 때문입니다.

우리는 피조물입니다. 우리는 신체적 측면, 정서적 측면,

---

2 *The Sayings of the Desert Fathers*, Anthony 7, 2.

그리고 죄성에 의해 제한을 받습니다. 하지만 우리의 연약함, 죄, 그 밖의 모든 제약에도 불구하고 하느님께서는 우리를 사랑하십니다. 초기 사막의 그리스도인들은 그리스도인이 된다는 것을 다음과 같은 성서 구절에 무게를 두어 이해했습니다. 이 메시지는 이 구절 말고도 다양한 구절에서 찾을 수 있지요.

> 우리가 아직 죄인이었을 때에, 그리스도께서 우리를 위하여 죽으셨습니다. (로마 5:8)

건강한 사람에게는 의사가 필요하지 않습니다. 하지만 아픈 이에게는 의사가 필요합니다. 겸손은 하느님의 도움 없이는 사랑하거나 선을 행할 수 없으므로, 친절이나 미덕, 힘이나 행복, 제대로 일하고 제대로 사랑할 수 있는 능력은 모두 하느님께서 피조물인 우리에게 선물로 주신 것임을 받아들이는 것입니다. 누군가 성실하다고 해서, 경건하다고 해서, 지적으로 우월하다고 해서 다른 사람을 내려다볼 수 있는 위치에 있지 않습니다. 우리는 모두 연약하고 한계가 있으며 각기 다른 삶의 자리에서, 각기 다른 방식으로 분투하고 있습니다. 우리를 궁극적으로 판단하실 수 있는 이는 오직 하느님뿐입니다. 사막의 그리스도인들은 이런 근본적인 마음의 태도에서 그리스도인의 삶의 방식이 나온다고 믿었습니다. 그렇기에 겸손은 그리스도인으로 살아갈 때 우러나는 태도일 뿐만 아니라 그리스도인의 삶을 가능케 하는 수단이라고도 할 수 있습니다.

겸손에 대한 잘못된 관점을 넘어서

겸손에 대해 좀 더 자세히 살펴보기 전에, 오늘날 맥락에서 '겸손'이라는 말이 제기하는 몇 가지 문제를 다루어 보도록 하겠습니다. 오늘날 사람들은 초기 그리스도인들이 사용했던 것과 같은 방식으로 '겸손'이라는 말을 쓰지 않습니다. 그래서 초기 그리스도인들이 말하는 겸손에 우리가 생각하는 겸손을 대입하면 오해가 발생하기 쉽습니다. 특히 세상과 교회에서 자신의 자존감과 자리를 찾기 위해 분투하는 이들에게 상처가 될 수 있지요.

초기 사막 그리스도인들이 사용했던 '겸손'의 의미는 상당히 일찍 사라진 것으로 보입니다. 그리스도교가 유럽 전역을 장악했을 때부터 오늘날에 이르기까지 수 세기에 걸쳐 사람들은 "여성은 겸손해야 한다"고 말했습니다. 여기에는 남편, 아버지, 사제에게 순종해야 한다는 뜻이 포함되어 있습니다.

이처럼 겸손은 자신의 열등한 위치를 받아들이고 감내해야 한다는 말과 동일시되었지요. 게다가 겸손에 바탕을 둔 섬김은 남성이 아닌 여성만 감당해야 할 몫으로 이해되었습니다. 여성들은 가족을 섬기기 위해서 자신의 삶, 욕망, 감정, 필요를 희생해야 하고, 타인을 위해 자신을 포기해야 한다고 강요받았습니다. 성직자들은 학대받는 여성들을 향해 남성을 자극하지 않으면 학대받지 않을 것이라고 말하곤 했습니다. 결혼 생활은 아내 하기 나름이라고 서슴없이 말하기도 했습니다. 그러나 문제의 핵심은 여성들에게 섬김을 강조한 것이 아닙니다. 마치 섬기기 위해서 그 자신을 완전히 잃어버려야 한다고 요구했다는 점입니다. 이런 맥락에서 '이타적인 사랑'이라는 말은 사랑하는 주체의 필요, 갈망, 개성을 죽여야 한다는 말로, 사실상 사랑하는 주체를 유령처럼 만들어버리는 말로 이해되었습니다.

섬김에 대한 잘못된 이해, 겸손에 대한 왜곡된 이해로 인해 피해를 입은 이들은 여성들뿐만이 아닙니다. 남성들 역시 피해자였습니다. 이 영향은 지금까지도 계속되어 20세기 문화에서는 아무리 교육을 잘 받거나 독립적이라 해도 이러한 사고방식에서 완전히 벗어나기가 어렵습니다.

하느님과 이웃에 대한 사랑은 현대인들이 일반적으로

생각하는 의미에서의 '이타적인 사랑'이 아닙니다. 여기에서 '이타심'은 성서에 나오는 겸손과는 아무런 관련이 없습니다. 다시 한번 안토니우스가 편지에 남긴 말을 떠올려봅시다.

> 이웃을 사랑하는 것은 하느님을 사랑하는 것이고, 하느님을 사랑하는 것은 자신의 영혼을 사랑하는 것입니다.[3]

이처럼 겸손은 낮은 자아상과는 아무런 관련이 없습니다. 2 장에서 살펴보았듯, 하느님께서 우리를 사랑하신다는 것, 우리 한 사람 한 사람 안에 하느님의 형상이 있다는 것은 다른 사람뿐만 아니라 우리 자신도 소중히 여겨야 한다는 것을 의미합니다. 여성이 자신을 낮게 평가하고 자신이 아닌 다른 사람을 섬기기 위해서 살아야 한다는 생각은 하느님과는 관련이 없습니다. 우리 문화의 경제적 조건, 편의성이 만들어낸 것일 뿐입니다.

  여성 그리스도인은 자신을 낮게 평가해야 할 의무가 없을 뿐만 아니라 그렇게 해서도 안 됩니다. 어떻게 자신의 가족

---

3 *The Letters of Saint Anthony the Great*, Letter VI, 22.

이 자기 생애의 '전부'가 될 수 있을까요? 그리스도인의 일차적인 충성과 사랑의 대상은 우리에게 생명을 주신 하느님입니다. 그리스도인은 자신의 중심에 다른 이를 두고 자신의 삶과 생명을 주어서는 안 됩니다. 그 중심에는 하느님이 계셔야 합니다. 자신의 중심에 하느님이 계실 때, 그 하느님을 사랑할 때, 자신의 삶과 생명을 내어주는 섬김의 사랑이 가능해집니다.

초기 그리스도교 문헌에서 겸손은 거의 언제나 관계와 관련이 있습니다. 그리고 남성이든 여성이든 지배와 복종이라는 당대 문화의 흐름에서 벗어나 자유를 얻게 하는 역할을 했지요. 하지만 오늘날 많은 사람은 '겸손'을 강제적인 자기 낮춤, 자기희생으로 받아들입니다. "좋은 자리에 먼저 앉으세요"라는 말은 겸손해 보이지만, "내가 양보했으니, 당신은 제게 빚을 진 겁니다"라는 무언의 메시지가 담겨 있는 경우가 많습니다. 그래서 이 '섬김'을 받아들인 사람은 자기도 모르게 죄책감과 불편함을 느끼기도 합니다. 안타깝게도 가정, 교회, 직장에서 맺는 많은 관계가 이러한 식으로 이루어집니다. 그래서 우리는 '자기희생'이나 '겸손'이라는 말을 들으면 좋은 느낌을 받기보다는 그리 기꺼워하지 않거나 불편해합니다.

이런 상황에서 그리스도교가 이야기하는 겸손과 자기희생을 말하기란 매우 어렵습니다. 권력관계, 지배와 복종의 관계에서 "좋은 자리에 앉으라"는 말은 겸손이 아니라 조작입니다. 이는 그리스도교 신앙을 심각하게 왜곡한 것이며, 우리는 신앙의 눈으로 이 관계를 다시 보아야 합니다. 참된 겸손은 받는 이에게 죄책감이나 불편함을 일으키지 않습니다. 오히려 자유와 사랑을 가져다줍니다.

같은 맥락에서, 현대인들은 겸손이 '죄책감'과 관련이 있다고 생각합니다. 그러나 죄책감을 느끼는 것은 겸손과는 아무런 관련이 없습니다(우리의 죄를 받아들이고 뉘우치며 돌이켜 앞으로 나아가는 것과도 관련이 없습니다). 때때로 그리스도교 신자들은 자신이 저지른 일, 하지 못한 일에 대해 지속적으로 죄책감을 느끼는 것을 미덕으로 여기고, 그러한 상태를 이어가는 것이 회개라고 생각합니다. 하지만 이런 생각은 파괴적이며, 자존감만 깎아내릴 뿐입니다. 그리고 이런 생각에 빠지면 도리어 아무런 행동도 하지 않는 결과를 낳기도 합니다.

한 수도사가 압바 포이멘에게 물었다. "잘못을 회개한다는 것은 무슨 뜻입니까?" 포이멘이 대답했다. "앞으로 다시는 그런 잘못을 저지르지 않는 것입니다."[4]

참된 겸손은 우리를 기존의 상태에 머무르게 하지 않습니다. 겸손은 우리를 움직입니다. 겸손은 우리의 연약함, 우리가 죄를 짓는다는 사실을 받아들이게 해줍니다. 하지만 동시에 겸손은 우리가 연약하다는 사실에 압도되어 무기력하게 아무것도 하지 못하도록 만들지 않습니다. 사막의 그리스도인들은 이를 다음과 같은 금언으로 간결하게 표현했습니다.

압바 팜부스가 압바 안토니우스에게 물었다. "제가 무엇을 해야 합니까?" 안토니우스가 말했다. "자신의 의로움을 믿지 마십시오. 과거의 죄를 두고 근심하지 마십시오."[5]

죄책감에 관해 이야기하는 좀 더 긴 금언도 있습니다.

한 수도사가 압바 포이멘에게 말했다. "제가 부끄러운 죄를 범하면, 제 양심이 저를 집어삼켜 '왜 유혹에 넘어간 것인가!'라며 저를 고발합니다." 포이멘이 그에게 말했다. "누군

---

4 *The Sayings of the Desert Fathers*, Poemen 120, 184.

5 *The Sayings of the Desert Fathers*, Anthony 6, 2.

가 옳은 길에서 엇나간 순간, 즉시 '나는 죄를 지었다'고 말
한다면 그 죄는 바로 중단됩니다."[6]

이처럼 죄책감은 겸손과는 아무런 관련이 없습니다. 참된 겸
손과 회개는 우리를 마비시키지 않습니다. 오히려 우리가 앞
으로 나아갈 수 있는 자유를 줍니다.

영웅적 자아상을 포기하기

우리가 죄책감에 빠지기를 거부해야만 비로소 겸손에 대
해, 초기 사막 그리스도인들에게 겸손이 어떻게 영향을 주었
는지, 오늘날 우리의 삶에는 어떤 영향을 줄 수 있는지를 볼
수 있게 됩니다.

당시 수도 생활을 택한 그리스도인들은 수도 생활이 내적
수련과 기도, 노동을 평생 요구한다는 것을 알고 있었습니
다. 그들은 사막에 도착한 첫째 날부터 하느님과 이웃을 자
기 자신처럼 사랑할 수 있게 되리라고 생각하지 않았습니다.
세상을 등지는 순간 즉각, 저절로 사랑할 수 있게 될 것이라
믿지도 않았습니다. 하지만 이렇게 생각한 이들도 엄청난 유

6 *The Sayings of the Desert Fathers*, Poemen 99, 181.

혹에 휘말리곤 했습니다. 바로 자신을 영웅으로 여기고, 수도 생활을 사랑의 목표에 도달하기 위해 달성해야 할 남다른 과업으로 생각하는 것이었지요. 그들 역시 연약한 인간이었기에 수도 생활의 과업을 늘 성공적으로 달성한 것도 아니었습니다. 동료와 싸우고, 철야 기도를 하다 잠들고, 금식 중에 음식을 먹기도 했습니다. 어떤 남성 수도사는 집으로 돌아가는 여성을 따라가다가 죄책감과 절망에 빠지곤 했습니다.

그뿐만 아니라, 기도를 반드시 수행해야 하는 영웅적 과업으로 여기는 유혹에 빠지기도 했습니다. 『성 안토니우스의 생애』에는 수도 생활을 하는 이는 잠자리에 누울 때마다 일어나서 기도하고픈 충동이 들 수 있다는 이야기가 나옵니다. 이를 두고 안토니우스는 그런 충동은 악마의 유혹일 수 있다고 말합니다. 악마가 수도사로 하여금 '하느님에 대한 사랑이나 진리에 대한 사랑'이 아닌, 수도 생활의 '무익함'을 단언하도록 만들기 위해 그런 충동을 일으킨다는 것입니다.[7] 실제로 양심의 가책으로 인해 자신이 할 수 없는 일을 시도하려 애쓰는 건 그를 오히려 지치게 할 뿐입니다.

정도는 다르지만, 오늘날에도 성서를 매일 읽거나, 매일

---

7 *Athanasius: The Life of Anthony and the Letter to Marcellinus*, 25, 50.

일정 시간 기도하겠다고 다짐했다가 며칠 만에, 혹은 몇 주 만에 실패하고는 크게 자책하는 그리스도인들이 있습니다. 이는 자신의 한계를 고려하지 않고, 자신이 할 수 있는 일이 무엇인지 생각하지 않은 채 단순히 하루에 한 시간은 성서를 읽고 기도를 해야 한다고, 그리스도인이라면 그래야만 한다고 생각한 것입니다.

사막에서 수도 생활을 시작한 그리스도인들은 다른 무엇보다 겸손해지는 법, 즉 영웅적인 자아상을 버리고 자신을 포함한 모든 인간은 연약한 존재라는 사실을 익혀야 했습니다. 그리고 적절한 임무, 연약한 상태에서도 할 수 있는 임무를 찾는 법을 배웠습니다. 그들은 이 모든 일이 궁극적인 목표에 다가갈 수 있도록 도와준다는 사실, 소소한 일들이 종종 무한한 의미를 지닌다는 사실을 몸과 마음 깊이 새겨야 했습니다. 이와 관련해 한 수도사는 압바 포이멘에게 이웃을 위해 목숨을 바친다는 것이 무엇인지 물었습니다. 압바 포이멘은 이렇게 답했습니다.

> 자신을 향한 불평불만을 듣고 마음이 요동치더라도 불평하거나 원망하지 않는 것, 누군가에게 상처를 입어도 인내하며 복수하지 않는 것이 바로 이웃을 위해 자기 목숨을 바치

는 것입니다.[8]

하느님과 이웃에 대한 사랑을 자기희생을 통해 극적으로 표현하는 일을 상상하기란 너무나 쉽습니다. 세상에 산적한 문제를 두고는 고심하지만, 일상의 소소한 일들을 중요하지 않은 것으로 치부하기도 쉽습니다. 하지만 이는 공허한 생각이며 그리스도인의 삶을 일종의 영웅의 삶으로 이해하려는 유혹일 뿐입니다. 가자의 도로테우스는 작은 일이 큰 일을 끌어냄을 깨달을 때, 작은 일이 큰 일을 가능케 함을 깨달을 때야만 비로소 큰 과업을 성취할 수 있다고 말했습니다.

> 하늘로 올라가는 사다리가 있고, 지옥으로 내려가는 사다리가 있다고 상상해 봅시다. 여러분은 두 사다리가 놓인 땅에 서 있습니다. 이 사다리를 보며 여러분은 '어떻게 여기서 한 번에 하늘로 올라가는 사다리 꼭대기에 올라갈 수 있을까?' 라고 생각하지 않을 것입니다. 불가능하기 때문이지요. 하느님께서도 이를 우리에게 요구하지 않습니다. 대신, 그분은 우리에게 지옥으로 내려가는 사다리를 타지 말라고, 이

---

8 Owen Chadwick, 'The Sayings of the Fathers', *Western Asceticism* (Philadelphia: Westminster Press, 1958), 183.

웃을 해치거나 마음을 상하게 하거나, 비하하지 말라고 하십니다. 이웃에게 작은 선을 행하십시오. 유익이 되는 말을 하십시오. 이웃에게 필요한 것이 있으면 기꺼이 주십시오. 우리는 하느님의 도움으로, 이러한 과정을 통해 하늘로 올라가는 사다리를 한 단씩 올라갈 수 있게 될 것입니다. 이처럼 이웃을 돕는 일을 계속하면 이웃에게 유익이 됨은 물론, 자신에게도 유익이 됩니다. 이것이 바로 "네 이웃을 네 몸과 같이 사랑하라"는 말씀에 담긴 뜻입니다. 구하십시오. 그러면 찾게 될 것입니다. 하느님께 물으십시오. 그러면 깨닫게 해주실 것입니다.[9]

이웃을 사랑하기 위해서는 먼저 이웃에게 해를 입히지 않으려 노력하고, 이웃에 대해 험담하지 않으며, 작은 도움을 주는 일부터 시작해야 합니다. 사랑이라는 목표를 기억하고 이를 위해 자신의 자리에서 작은 일부터 감당한다면, 하느님께서 우리의 분투를 도우시고, 결국에는 우리가 추구하는 사랑을 허락하실 것입니다. 사랑은 거창한 일이나 영웅과도 같은 행적에 대한 보상이 아닙니다.

---

9   *Dorotheos of Gaza: Discourses and Sayings*, 206~7.

오늘날 교회와 신자들은 초기 교회의 이 조언을 귀담아들어야 합니다. 때때로 우리는 빈곤, 기아, 전쟁, 인종차별과 같은 사회악을 해결하기 위한 어떤 노력도 하지 않을 때가 있습니다. 우리가 마주한 문제가 거대한 반면, 우리가 할 수 있는 일은 너무나 작다고 생각하기 때문이지요. 담요 100장이 필요한 상황에서 담요 한 장을 기부하는 것은 아무런 도움도 못 되는 것처럼 보입니다. 길거리에 무수한 노숙자들이 있는데 교회 빈 공간에 10명의 노숙자만 받아들이는 것은 아무 일도 아닌 것처럼 보입니다. 하지만 이는 실제로 할 수 있는 작은 일을 거창한 생각으로 대체하려는 유혹에 빠지는 것입니다. 한 번도 만난 적이 없는 인류 전체를 사랑하기란 쉽지만, 내 가까운 이웃이 나에게 손을 내밀 때 돕기란 어려운 법입니다. 그리스도인의 목표는 그 손을 잡는 것부터 시작해 인류 전체에 대한 사랑으로 나아가는 것입니다.

모든 동기를 뛰어넘는 사랑

영웅이 되고자 하는 욕망을 내려놓으려 하다 보면, 자신의 행동이 순수한 의도, 즉 이익 관계에서 완전히 자유롭지 않을 수 있기 때문에, 아예 행동 자체를 할 필요가 없다는 생각을 마주하게 됩니다. 그러나 이 생각까지도 버려야 합니다.

사막의 스승들은 동기의 순수성에 대해 염려하는 것은 그리스도교 규율이라는 수단과 사랑의 삶이라는 목표를 혼동하는 것이라고 지적했습니다.

한 수도사가 압바 포이멘에게 말했다. "제가 형제에게 빵이나 다른 어떤 것을 나눌 때, 악마가 저에게 '너는 사람들을 기쁘게 하려고 그렇게 했다'고 말하며 행위의 순수성을 퇴색시키려 합니다." 포이멘이 말했다. "설령 칭찬받고 싶은 마음에서 비롯된 일이라 할지라도, 형제가 필요로 하는 것을 주는 것은 옳습니다." 그러고는 다음 비유를 들려주었다. "같은 곳에 사는 두 농부가 있었습니다. 한 사람은 씨를 뿌려 아주 적은 작물만을 겨우 수확한 반면, 다른 한 사람은 씨를 뿌리지도 않았기에 아무것도 수확하지 못했습니다. 만약 그들에게 기근이 닥치면 누가 살아남겠습니까?" 수도사가 대답했다. "적은 작물이라도 수확한 사람입니다." 포이멘이 말했다. "우리도 마찬가지입니다. 굶주려 죽지 않기 위해서는 아무리 수확하는 작물이 적을지라도 씨를 뿌려야 합니다."[10]

---

10 *The Sayings of the Desert Fathers*, Poemen 51, 173~74.

내가 마지못해 베풀든 기꺼이 베풀든, 인정받고 싶어 베풀든 인정받기 싫어서 베풀든 상관이 없습니다. 사랑은 그 동기에 관심을 두지 않습니다. 예수께서는 말씀하셨지요.

> 너희는 내가 주릴 때에 내게 먹을 것을 주었다. (마태 25:35)

예수께서는 먹을 것을 준 사람의 마음 상태에 관해서는 아무 말씀도 하지 않으셨습니다. 마음 상태가 중요하지 않다는 뜻이 아닙니다. 이웃의 필요를 채우는 것이 동기의 순수성에 대한 고민보다 우선한다는 이야기지요. 겸손은 비난받지 않는 것이 그리스도인의 본분이 아님을 기억하게 해줍니다. 사막 그리스도인에 관한 몇몇 이야기들은 이를 매우 재미있게 그려 냅니다. 한 이야기에 따르면, 어떤 스승은 완고한 제자에게 깨달음을 주기 위해 일부러 다른 수도사들의 물건을 훔치라고 시키기도 합니다(이후 한밤중에 제자가 훔친 것을 돌려주지만 말이지요). 그뿐만 아니라 당시 사람들이 보기에도, 오늘날 우리가 보기에도 충격적인 이야기가 있습니다.

> 어느 날 압바 아가톤이 압바 알로니우스에게 물었다. "어떻게 하면 제가 혀를 억제하여 더 이상 거짓말을 하지 않을 수

있겠습니까?" 알로니우스가 말했다. "거짓말을 하지 않으면 죄를 많이 지을 것입니다." 아가톤이 물었다. "어째서 그렇습니까?" 알로니우스가 답했다. "당신이 보는 가운데 두 사람이 살인죄를 범했는데, 그중 한 사람이 당신의 거처에 숨었다고 상상해 보십시오. 그를 찾는 형리가 당신에게 "살인자를 보셨소?"라고 물었을 때 거짓말을 하지 않는다면, 그 사람은 죽을 것이기 때문입니다."[11]

이 이야기의 의도는 살인이 심각한 범죄가 아니라고 말하는 데 있지 않습니다. 이 이야기가 전하려는 바는 훗날 사막 교부 전통에 심취했던 작가 니느웨의 이삭Isaac of Nineveh가 남긴 말이 잘 드러내고 있지요.

하느님의 자비와 정의의 관계는 금덩어리를 감싸고 있는 모래알과 같습니다.

이처럼 하느님의 정의조차 피조물을 향한 하느님의 사랑에는 미치지 못합니다. 물론 진실은 중요합니다. 하지만 진실

---

11 *The Sayings of the Desert Fathers*, Alonius 4, 35.

은 그저 사랑으로 가게 해주는 미덕이라는 사실을 잊어버려 다른 사람에게 크고 작은 상처를 주는 경우가 얼마나 많은가 요? '수단이 목적을 정당화한다'거나 도덕은 순전히 상대적인 문제라는 말을 하는 것이 아닙니다. 초기 사막 그리스도 인들도 법의 목적은 사랑에 봉사하는 것임을 전제로 간음에서 험담에 이르기까지, 어떠한 행동들이 죄인지를 분명히 했습니다. 그리고 사랑이라는 목표를 향해 나아가도록 돕는 또 다른 범주의 실천과 금지 사항을 세웠습니다. 금식과 고독이 여기에 속하지요. 그리고 그들은 특수한 범주의 행동, 어떠한 상황에서는 중대한 죄이지만, 또 다른 상황에서는 이를 하지 않으면 더 큰 해악을 초래하는 행동에 관해 이야기했습니다. 어떤 행동은 특정 상황에서는 전혀 죄가 되지 않을 수 있기 때문입니다.

도덕법을 준수하는 것이 목적이라면, 무슨 일을 해야 할지 모르는 상황에서는 어떤 식으로든 몸을 사리는 게 상책입니다. 그러나 사랑이 목적이라면, 그리스도인은 다른 이들을 위해 위험을 감내할 수 있어야 합니다. 위의 이야기로 돌아가 봅시다. 여기서 사실을 말하는 것은 살인자에게 사형선고를 내리는 것과 같습니다. 이는 하느님만이 하실 수 있는 일을 빼앗는 것이며, 살인자가 스스로 참회할 기회를 박탈하는 것입니다. 그러나 살인자를 지키기 위해 거짓말을 한다면, 위험한 결과를 초래할 수 있습니다. 거짓말을 한 자신이 감옥에 가거나, 살인자가 풀려나 또 다른 살인을 저지를 수도 있습니다. 그래서 초기 그리스도교 수도 공동체는 도덕적 행동으로 인해 발생하는 타인의 고통에는 책임이 없다는 것을 성문화하려는 유혹에 시달리기도 했습니다. 그러나, 예나 지금이나 그리스도인의 목표는 법의 준수가 아니라 사랑입니다. 그렇기에 상황에 따라 스스로 판단하고 이에 대한 책임을 져야만 합니다. 누군가가 보기에는 이상한 일입니다. 그러나 법을 준수하는, 완전히 준법적인 삶을 살아야 한다는 생각은 회심과 용서, 사랑과는 어긋날 수 있습니다. 이러한 생각의 저변에는 주변 사람들에게 잘 보여야만 한다는 생각, 자신의 연약함과 잘못을 들키지 말아야 한다는 생각이 깔려 있기 때문입니다.

회개와 용서의 중요성

고심 끝에 힘겹게 내린 결정도 어떤 결과가 나올지 알 수 없는 경우가 많습니다. 이때 가장 문제가 되는 것은, 실수나 잘못에 대한 용서의 가능성을 믿지 못한다는 것입니다. 결정이 무거울수록 그 결정에 실수나 잘못이 있을 수 있다는 것

자체를 인정하기가 어렵습니다. 그래서 많은 사람이 죄를 인정하고 용서를 구하는 것과 책임감을 느끼는 것을 구분하는 데 어려움을 겪고, 용서를 구하기보다 죄책감을 느끼는 것을 택합니다. 종종 교회에서도 하느님 앞에서 우리는 아무런 가치가 없고 무력한 존재이니 이를 받아들여야 한다는 잘못된 가르침을 전하곤 합니다.

하지만 사막의 그리스도인들에게 죄를 고백한다는 것은 우리가 죄책감을 느끼는 것과는 아주 다른 의미였습니다. 죄를 고백함으로써 그들은 과거에 짓눌리지 않고 새로운 하루를 살 수 있었습니다. 그들에게 죄의 고백은 곧 자유의 경험이었습니다. 이런 맥락에서 겸손은 자신의 잘못을 인정하고, 고백하고, 돌이키고, 용서받도록 해주었습니다. 겸손한 사람은 자신을 포함한 모든 인간이 죄인임을 잘 알고 있을 뿐만 아니라, 죄로 인해 우리에게 상처와 흠집이 생기더라도 하느님께서 우리를 사랑하시고 거부하지 않으심을 믿기 때문입니다.

한 군인이 압바 미오스에게 하느님께서 참회를 받아 주시는지 물었다. 미오스가 그에게 말했다. "사랑하는 친구여, 당신은 외투가 낡았다고 그것을 그냥 버립니까?" 그가 대답했다. "아닙니다. 수선해서 다시 사용합니다." 미오스가 말했다. "당신도 외투를 그렇게나 아끼는데, 하느님께서는 당신의 피조물을 얼마나 아끼시겠습니까?"[12]

예수께서 하느님은 새 한 마리가 언제 떨어지는지, 우리 머리카락 개수가 얼만큼인지 다 알고 계신다고 하신 말씀은 이와 같은 의미일 것입니다. 흠이 있다고, 상처가 생겼다고 그냥 버리기에 피조물은 하느님께 너무나도 귀한 존재입니다.

겸손은 자신의 단단한 자아를 고수할 필요가 없게 만듭니다. 부끄러움으로 인해 자신과 다른 사람에게 자신의 죄를 숨기도록 하지 않습니다. 겸손은 우리가 쉽게 죄를 짓는다는 사실을 알게 해주며, 동시에 그 죄에서 벗어나도록 항상 우리를 깨어있게 합니다. 사막의 그리스도인들은 자신이 죄를 지었다고 해서 이를 부인하려는 유혹에 빠지거나 가슴을 치며 크게 낙심하려는 유혹에 빠지지 않았습니다(적어도 이론상으론 그렇습니다). 그들은 자기 역시 죄에 얽매인 피조물이며, 언제든 죄를 지을 수 있음을 알고 있었습니다.

죄를 고백하고, 회개하고 용서를 받을 수 있는 사람은 죄

---

12 *The Sayings of the Desert Fathers*, Mius 3, 150.

책감과 자기혐오, 과거로 인한 절망에 빠지지 않습니다. "부끄러운 죄를 범하면 양심이 자신을 집어삼킨다"고 말한 수도사에게 압바 포이멘이 말했듯, "누군가 옳은 길에서 엇나간 순간, 즉시 '나는 죄를 지었다'고 말한다면 그 죄는 바로 중단됩니다".[13] 이를 깊이 새긴다면 다른 이가 죄를 저지른다 할지라도, 그 죄인에게 과도한 분노를 표출하지 않게 되며, 사람이 아니라 죄만을 보게 될 것입니다. 자신이 저지른 죄를 회개할 수 있다면, 다른 이의 죄도 용서할 수 있습니다. 이는 새로운 현실을 향한 한 걸음을 내딛게 합니다. 도로테우스는 말했습니다.

> 자신을 낮추는 태도는 힘이 있습니다. … 겸손보다 강력한 것은 없습니다. 겸손한 사람은 고통스러운 일을 겪으면 곧바로 자신을 돌아보고, 자신의 잘못을 인정합니다. 다른 이를 비난하거나 책임을 돌리지 않습니다. 그리고 그는 평화로운 마음으로 이 일에 빠져 고민하거나 우울해하지 않고 가야 할 길을 가게 됩니다.[14]

---

13 *The Sayings of the Desert Fathers*, Poemen 99, 181.

14 *Dorotheos of Gaza: Discourses and Sayings*, 96.

정죄하려는 태도를 피하기 위한 분투

사막 그리스도인들의 겸손은 자신이 죄인이라는 깨달음에서 왔습니다. 그들은 이 깨달음을 바탕으로 삶에서 인간이 마주하는 가장 커다란 유혹, 바로 이웃의 행동과 삶을 정죄하려는 유혹에 맞섰습니다. 도로테우스는 살면서 마주하게 되는 가장 커다란 유혹은 이웃을 판단하고 정죄하는 것이라고 말했습니다.

> (바리사이파 사람과 세리의 비유에서) 바리사이파 사람이 자신의 선행을 두고 하느님께 감사드리며 기도한 일은 잘한 일입니다. 우리가 선한 일을 할 수 있는 것은 하느님께서 우리를 도우시고 우리와 함께 활동하시기 때문입니다. 주님께서 바리사이파 사람을 탓하신 것은 그가 "나는 … 다른 사람들과 같지 않으며, 더구나 이 세리와는 같지 않"다고 말했기 때문입니다. 그 말을 한 순간, 그는 다른 이들을 판단하고 그들의 영혼과 성품, 삶 전체를 정죄했습니다. 그래서 주님께서는 바리사이파 사람이 아닌 세리를 의롭다고 인정하셨습니다.[15]

---

[15] *Dorotheos of Gaza: Discourses and Sayings*, 132.

바리사이파 사람이 의롭다고 인정받지 못한 이유는 자신의 의로움에 만족하지 않고, 세리가 죄인이라는 이유로 그의 존재 자체를 경멸했기 때문입니다. 도로테우스는 사막 수도 공동체에서 엄격하게 규율을 준수하는 사람을 염두에 두고 이이야기를 했을 것입니다.

> 우리는 어떤 경우든 형제자매를 비난하며 그를 짓누르지 않도록 조심해야 합니다. 우리는 자신은 하느님께서 주신 계명을 지키지 않으면서 남을 향해서는 그 계명을 철저히 지키라고 요구합니다.[16]

그러나 복음이 우리에게 전하는 가르침은 분명합니다.

> 압바 테오도루스는 말했다. "간음한 사람을 정죄하지 마십시오. 그러면 당신도 똑같이 율법을 어기게 될 것입니다. 간음하지 말라고 명령하신 분은 또한 우리에게 남을 심판하지 말라고 말씀하셨기 때문입니다."[17]

---

[16] *Dorotheos of Gaza: Discourses and Sayings*, 144.

[17] *The Sayings of the Desert Fathers*, Theodore of Eleutheropolis 3, 80.

누군가 왜, 어떻게 그런 일을 했는지는 궁극적으로는 하느님 외에는 아무도 모르기 때문에 사람은 다른 사람을 정죄할 수 없습니다. 누군가는 쉽게 할 수 있는 일을 다른 누군가는 쉽게 하지 못할 수도 있습니다. 연쇄살인범, 심지어 대량 학살자라 할지라도 그리스도인은 그에 대한 최종적인 심판을 하느님께 돌려야 합니다. 그분만이 모든 것을 공정하게 저울질하실 수 있기 때문입니다.

우리는 하느님이 다른 누군가를 어떻게 심판하실지 알 수 없습니다. 우리 눈에 죄인일지라도 그가 내적으로 얼마나 많이 분투했는지, 얼마나 많은 상처를 입었는지 우리는 알 수 없습니다. 우리 눈에 죄인일지라도 하느님께서는 그를 죄인으로 보지 않으시고 그의 행동을 정당하게 보실 수 있습니다. 그분은 그의 수고와 모든 분투를 보시고 그를 불쌍히 여기시기 때문입니다. ... 우리는 죄에 대해서는 잘 알지만, 회개에 대해서는 잘 알지 못합니다.[18]

겸손하다는 것은 자신의 죄성을 인지하는 것이며 다른 사람

---

18 *Dorotheos of Gaza: Discourses and Sayings*, 135.

이 죄를 저지르거나, 그로 인해 몰락했을 때 이를 은밀히 기뻐하기보다는 "오 주님, 오늘은 그가 죄를 지었습니다. 내일은 제가 죄를 지을 것입니다"라고 말하며 죄인과 자신이 다르지 않음을 인정하는 것입니다. 초기 그리스도교 사제가 이 어려운 교훈을 얻은 이야기가 있습니다.

> 펠루시움의 한 사제가 어떤 수도사들에 대한 소문을 들었다. 그들이 자주 도시에 나타나 부주의한 행동을 한다는 것이었다. 사제는 공동집회에 가서 그들에게서 수도복을 빼앗았다. 이후 자신의 행동에 양심의 가책을 느낀 사제는 생각에 사로잡혀 압바 포이멘을 찾았다. 그는 수도사들의 수도복을 가져가, 포이멘에게 그 일에 대해 모두 말했다. 포이멘이 물었다. "당신 안에는 옛 아담에게 속한 것이 전혀 없습니까?" 사제가 말했다. "제게도 옛 아담에 속한 것이 있습니다." 포이멘이 말했다. "보십시오, 당신도 그들과 같습니다. 당신이 옛 아담에게 속한 것을 조금이라도 가지고 있다면 당신 역시 죄에 종속되어 있습니다." 사제는 즉시 수도사들을 찾아가 그들에게 용서를 청했다.[19]

---

19 *The Sayings of the Desert Fathers*, Poemen 11, 168.

우리의 일부분은 여전히 옛 아담에 속해 있기 때문에 다른 사람을 정죄할 수 없습니다. 하지만 겸손은 여기서 더 나아 갑니다. 겸손은 우리가 단순히 다른 사람을 정죄하지 않는 데서 그치는 것이 아니라, 죄의 결과로부터 죄인을 보호해야 한다고 이야기합니다. 철저한 사랑은 죄인의 마음을 바꿀 수 있기 때문입니다. 이와 관련한 일화가 있습니다.

어느 날 압바 암모나스가 평판이 나쁜 어떤 수도사가 있는 곳에 밥을 먹으러 왔다. 그때 한 여인이 와서 그 수도사의 처소로 들어갔다. 그곳에 있던 수도사들은 이 사실을 알고 난처해했고, 함께 모여 그 수도사를 공동체에서 쫓아내기로 결정했다. 그들은 암모나스가 그곳에 있다는 것을 알고 자기들을 지지해달라고 부탁했다. 문제의 그 수도사는 이 사실을 알고서 여자를 큰 통 속에 숨겼다. 곧 수도사들이 그의 처소에 들이닥쳤다. 사실 압바 암모나스는 그가 여자를 어디 숨겼는지 확실히 보았지만, 하느님을 위해 비밀을 지켰다. 그는 들어가서 그 통 위에 앉아 그의 처소를 뒤져보라고 말했다. 수도사들이 그녀를 찾지 못하자 압바 암모나스가 말했다. "이게 도대체 무슨 일이란 말입니까? 하느님이 여러분을 용서하시기를!" 그는 그렇게 말한 후 모든 사람을 밖으로 나가게 했다. 그런 다음 문제의 수도사의 손을 잡고 말했다. "형제여, 스스로를 경계하십시오." 이 말을 하고 그는 떠나갔다.[20]

한 수도사가 압바 포이멘에게 물었다. "제 형제가 죄를 짓는 것을 보면 그것을 감추는 것이 옳은지요?" 압바가 답했다. "우리가 형제의 잘못을 감추는 바로 그 순간에 하느님께서 우리 자신의 잘못을 감추어 주시고, 우리가 우리 형제의 잘못을 드러내는 순간에 하느님께서도 우리의 잘못을 드러내십니다."[21]

겸손과 그리스도인의 능력

초기 그리스도인들이 말하는 겸손은 수동성passibity, 일부러 낮은 자아상을 갖는 것과는 아무런 관련이 없습니다. 다른 사람에게 당하고도 가만히 있는 것은 겸손이 아닙니다. 하느님이 아닌 다른 사람의 필요, 욕구, 변덕에 맞추기 위해 자아를 포기하는 것도 겸손이 아닙니다. 겸손은 투덜거리는 것이 아니며, 세상에서 끊임없이 일어나는 폭력을 도외시하

---

20 *The Sayings of the Desert Fathers*, Ammonas 10, 28.

21 *The Sayings of the Desert Fathers*, Poemen 64, 175.

거나, 묵과한 채 낭만적으로 따뜻한 세상을 꿈꾸는 것도 아닙니다.

겸손을 익히기란 매우 어렵습니다. 성서에서 묘사하는 겸손은 대부분 불가능해 보입니다. 분명, 하느님의 도움 없이는 불가능합니다. 4세기, 5세기, 6세기에 그랬듯 겸손은 세상 문화를 거스릅니다. 겸손은 모든 개인주의적 가치를 뒤흔듭니다. 겸손은 "남이야 어떻게 살든 내 삶을 산다"는 태도가 아닙니다. 겸손한 사람은 "솔직하기만 하면 무엇이든 좋다"고 말하지 않습니다. 그리스도교는 가치란 순전히 주관적이며, 개인은 하느님과 자신의 가치를 두고 협상해야 한다고 믿지 않습니다. 오히려 그리스도교는 세상이 소중히 여기는 것, 이를테면 재물, 출세, 타인을 희생시켜 자신의 욕구를 충족하는 것, 관계에서 타인을 지배하는 것 등 모든 뒤틀린 애착과 집착을 내려놓으라고 요구합니다. 이런 겸손을 갖기란 쉽지 않지만, 그만큼 이런 겸손은 강력합니다. 겸손은 우리 삶에서 일어나는 일들을 근본적인 차원에서 받아들이고 책임을 지는 것과 관련이 있습니다.

압바 난쟁이 요한이 물었다. "누가 요셉을 팔았습니까?" 한 수도사가 대답했다. "그의 형제들이었습니다." 요한이 그에게 말했다. "아닙니다! 그를 판 것은 그의 겸손이었습니다. 그는 "나는 그들의 형제요"라고 말할 수 있었고 저항할 수 있었습니다. 하지만 그는 침묵하면서 자신의 겸손으로 자신을 팔았습니다. 요셉을 이집트에서 우두머리가 되게 한 것도 그의 겸손입니다."²²

압바 요한에 따르면, 요셉은 자신이 이집트에 팔려나가는 것을 막지 않았습니다. 그리고 당시 이집트 사회에서는 지극히 평범해 보였을 이기적인 방식을 따르지 않음으로써 이집트에서 상당한 권력을 행사하고, 팔레스타인에 기근이 들었을 때 가족을 부양할 수 있었습니다. 이 금언을 남긴 요한을 두고 한 사람은 말했습니다.

난쟁이 요한이 누구입니까? 그가 누구이기에 그의 겸손으로 스케티스 지역 전체가 그의 새끼손가락에 매달려 있습니까?²³

이 그리스도인들은 사막에 살았지만 세상의 중심에 있었습

---

22 *The Sayings of the Desert Fathers*, John the Dwarf 20, 90.

23 *The Sayings of the Desert Fathers*, John the Dwarf 36, 93.

니다. 그들은 마치 요셉처럼 이집트를 통치했습니다. 무수한 사람이 그들을 존경했습니다. 신앙과 관련된 문제뿐만 아니라 인간관계, 재산 문제 등 다양한 문제에 대한 조언을 구하기 위해 수많은 사람이 그들을 찾았습니다. 평범한 사람들뿐만 아니라 황제, 주교, 장군도 그들을 찾았지요. 사막의 그리스도인들은 그들 모두를 환대했지만, 그들을 의식하지 않았습니다. 겸손이 지닌 능력은 자기 자신, 그리고 남의 눈에 잘 보여야 한다는 생각을 버리는 데서 나옵니다. 또한, 겸손이 지닌 능력은 현실에 대한 정직한 시선에서 나옵니다. 겸손은 폭력에 맞서 폭력을 사용하는 것이 궁극적으로 효과적이지 않음을 알고 있습니다. 중요한 건 현 세계에서 이루어지는 폭력의 굴레에서 벗어나는 것임을, 그 순환 고리를 끊어내는 것임을 알고 있습니다. 평화의 주님께서, 세상의 변모를 알리고, 현 세상의 가치들에 맞선, 완전히 새로운 가치들을 제시하신 이유가 바로 이 때문입니다. 사막의 그리스도인들은 그 길에 헌신하려 했습니다.

사람들이 이집트인 압바 마카리우스에 대해 말했다. 어느 날 그가 스케티스에서 니트리아산으로 올라갔다. 그곳에 거의 도착해서 자기 제자에게 앞서가라고 말했다. 제자는 앞서가던 중 한 이교 사제를 만났다. 제자가 그에게 소리쳤다. "오, 악령아, 어딜 가느냐?" 그 말을 들은 사제는 그를 패서 반쯤 죽여 놓았다. 그러고는 그곳을 빨리 벗어났다. 잠시후, 서둘러 길을 가던 그는 압바 마카리우스와 마주쳤다. 마카리우스가 그에게 말했다. "안녕하십니까. 근심 어린 당신에게 평안이 있기를!" 사제는 매우 놀라 그에게 다가와 말했다. "내게서 무엇을 보았기에 그런 식으로 인사하는 거요?" 마카리우스가 대답했다. "내 눈에 보이는 당신의 근심이 헛된 것이기 때문입니다." 사제가 말했다. "당신의 인사에 감동했고, 당신이 하느님께 속해 있다는 것을 이해했소. 하지만 내가 좀 전에 만난 또 다른 수도사가 나를 모욕했기에 그를 죽도록 패주었소." 마카리우스는 그가 자기 제자에 대해 말하고 있다는 것을 알아챘다. 사제가 갑자기 그의 발을 붙잡고 말했다. "나를 수도사가 되게 해줄 때까지 당신을 놓아주지 않겠소." 그들은 그 제자가 있는 곳으로 가 그를 자신들의 어깨에 부축하여 그 산에 있는 교회로 데려갔다. 사람들은 마카리우스와 함께 있는 그 사제를 보고 놀랐다. 이후 공동체는 그를 수도사로 만들었고, 그를 통해 많은 이교인이 그리스도인이 되었다. 압바 마카리우스는 말했다. "한마디 나쁜 말은 선한 사람조차 악하게 만드는 반면, 한마디 좋은 말은 악한 사람도 선하게 만듭니다."[24]

겸손은 우리는 모두 인간이기에 죄를 짓기 쉬움을 알게 합니다. 이는 겸손의 현실주의라 할 수 있습니다. 우리는 선천적으로 유혹에 약하고, 동기가 순수하지 않다는 것에 고통받습니다. 그러나 이는 나 자신의 동기를 잘 살펴야 함을 뜻합니다. 우리는 유혹을 "이겨냈다"고 자신하거나 다른 사람의 죄를 보았을 때 충격을 받지 않아야 합니다. 겸손은 우리가 우리 자신에게 주어진 삶에 책임을 지게 하며, 환멸에 빠지지 않게 합니다. 그렇기에 겸손은 시시각각 바뀌고 혼란스러운 세상 가운데서도 기어코 사랑을 가능케 합니다.

---

24 *The Sayings of the Desert Fathers*, Macarius the Great 39, 137.

IV

정념

사막의 그리스도인들에게 겸손은 사랑을 가능케 하는 태도 중 하나였습니다. 그러나 이 신앙의 선배들은 단순히 겸손하다고 해서, 혹은 다른 미덕이나 태도를 갖춘다고 해서, 혹은 마음을 수련한다고 해서 사랑을 이룰 수는 없다고 믿었습니다. 사랑은 이론으로 배운다고 실천할 수 있는 것이 아니며, 하느님께서 우리에게 단번에 주시는 선물도 아닙니다. 사랑은 사랑함으로써 배울 수 있습니다.

사랑하며 사랑을 배우는 과정에서는 사랑을 방해하는 요소들을 마주하게 됩니다. 초기 그리스도인들이 '정념', 혹은 '열정'passion이라고 부른 강박, 태도, 욕망, 행동 방식의 집합체를 인지하고, 절제하고, 뿌리 뽑는 법을 익힐 때만 사랑이 우리 안에서 자랄 수 있는 공간을 갖게 됩니다. 그들은 정념이 자신, 상대, 세상을 보지 못하게 만들고, 완전히 선하고 의미 있는 충동을 왜곡해 사랑할 자유를 빼앗아 간다고 생각했습니다.

정념, 열정을 다시 생각하기

겸손과 마찬가지로, 현대인들은 이 말을 신앙의 선배들이 사용했던 것과 같은 의미로 사용하지 않습니다. 우리는 이 말을 긍정적이든 부정적이든 매우 강한 감정을 가리킬 때 씁니다. "그녀는 열정적으로 가난한 사람들을 돌본다", "한 사람을 죽일 때 그는 정념으로 가득 차 있었다", "그는 초콜릿에 대한 열정이 있다"처럼 말이지요.

게다가 우리는 이성을 미화하고 감정을 경시하는 18세기 문화의 상속자입니다. 오늘날 이성은 과학과 동일시되고, 많은 사람이 이 둘을 궁극적인 인류의 희망으로 여깁니다. '주지주의'라는 말에 견주면 '주정주의'emotionalism라는 말은 무언가 부족하고 유치해 보이며, 진지하지 않은 것처럼 보입니다. 최근 우리 모두에게 뿌리 깊게 내린 이러한 생각과 습관을 극복하기 위해 애쓰는 이들이 나타나고 있는 것은 반가운 일입니다. 주정주의를 얕잡아보는 문화, 그리고 사회가 얼마나 끔찍한 피해를 낳는지, 그리고 얼마나 이런 인식이 공고한지를 우리는 알고 있습니다. 과학을 중심으로 돌아가는 세상은 괴물 같은 측면이 있으며, 어쩌면 세상 자체를 파괴할 수도 있음을 우리는 알고 있습니다. 적잖은 사람이 이러한 현실에 상처받고 분노하는 건 전혀 이상한 일이 아닙니다.

과학과 이성을 이상화하는 경향에 지친 이들은 인간의 감정, 특히 강한 감정을 소중히 여기는 법을 익히기 위해 노력해 왔습니다. 마음은 전혀 신경 쓰지 않은 채 '이성적으로' 사는 이들은 다른 사람에게 상처를 주곤 합니다. 실제로는 본인 또한 상처 입은 존재이면서 말이지요. 그래서인지 대중 심리학 서적들은 자신의 감정을 억누르면 안 된다고 말하고, 진실로 살아있음을 느끼려면, 우리가 누구인지를 부정하게 만드는 현대 문명에 짓밟히지 않으려면 감정에 솔직하고 그 감정을 적극적으로 표출해야 한다고 이야기합니다. 그런 강한 감정들로 가득 찬, 열정적인 삶을 살아야 한다고 말합니다.

하지만 사막의 그리스도인들은 정념, 혹은 열정을 사뭇 다르게 사용했습니다. 그들이 생각한 정념, 열정은 진실한 삶을 살고자 하는 뜨거운 욕구가 아니었습니다. 그들에게 정념은 전망을 왜곡하는, 사랑을 파괴하는 것이었습니다. 부정적인 의미였지요. 그들은 정념이 꼭 강한 감정만을 의미하지 않는다고 생각했습니다. 사막의 그리스도인들에게 정념은 마음의 상태일 수도 있고, 습관적인 행동일 수도 있었습니다. 오늘날에도 분노가 정념, 혹은 열정과 연결되어 있다는 것은 쉽게 이해할 수 있지만, 사막의 그리스도인들은 분노와 같은 강한 감정이 아닌 건망증도 정념, 열정과 연결되어 있다고 보았습니다. 말, 특히 험담을 지나치게 많이 하는 것도 정념이라고 생각했습니다. 현대인들에게 우울은 열정과 거리가 멀어 보이는 말이지만, 초기 그리스도인들에게 우울은 가장 고통스러운 열정, 정념이었습니다.

사랑에서 일어나는, 사랑으로 이어지는, 혹은 사랑으로 표현되는 강한 감정은 정념이 아닙니다. 그러나 연애 초반에 일어나는 현상, 즉 내 눈에 보이는 상대만 바라보는, 그리하여 상대를 나에게 맞추고자 하는, 그렇게 상대를 파괴하려는 열정 어린 사랑, 정념 어린 사랑은 참된 사랑이 아닙니다. 참된 사랑은 사랑을 파괴하지 않으며 더 많은 사랑을 낳습니다. 그러한 면에서 사랑은 정념과 가장 거리가 먼 말이라고도 할 수 있습니다.

문학작품을 보면 가난한 이들을 섬기려는 강한 열망을 열정이나 정념으로 묘사하지 않습니다. 자비, 환대, 눈물을 흘리는 참회 역시 마찬가지지요. 이들은 모두 사랑과 관련이 있습니다. 반면 지나친 종교심, 이웃에게 시선을 향하지 않은 채 자신에게만 골몰하려는 성향, 타인의 안녕에 대한 무관심, 판단하고 정죄하려는 태도는 모두 정념입니다.

고대 심리학 엿보기

이런 생각은 초기 그리스도인들에게서 나온 독창적인 것이 아닙니다. 어떤 계시를 받은 것도 아닙니다. 이는 기본적으로 플라톤까지 거슬러 올라가는 인간 영혼에 관한 논의와 닿아 있습니다. 그들은 인간 영혼을 설명할 때 두 마리의 말이 끄는 마차를 모는 마부에 빗대곤 했습니다. 두 마리 말은 인간 안에 있는 두 가지 충동, 혹은 생명력으로 사물을 끌어당기거나 밀어내면서 세상과 상호작용합니다. 그리스도인들은 이를 "갈망과 기개"appetitive and the spirited, 혹은 욕망과 분노desire and anger라 불렀습니다.[1]

갈망과 기개, 혹은 욕망과 분노는 "드레스를 갖고 싶어", "그에게 화가 났어"처럼 밖으로 드러나는 감정보다 훨씬 더 근본적인 감정입니다. 이 힘의 두 원천 중 하나는 자아를 향

---

1 *Gregory of Nyssa: The Life of Moses* (New York: Paulist Press, 1978), 96.

해 외부 세계를 끌어당기고, 다른 하나는 외부 세계를 향해 자아를 밀어냅니다. 우리가 아는 욕망과 분노, 성적 끌림과 혐오, 연민과 경멸은 바로 이 기본 충동들에서 나옵니다. 이 충동들은 기본적인 욕구이며 맹목적입니다. 인간만이 이런 욕구를 지닌 것은 아닙니다. 육체를 지닌 생명체라면 모두 이 힘의 두 원천을 지니고 있습니다. 이들이 없으면 우리는 살 수 없습니다. 이 욕구들이 본래의 목적을 따라 기능한다면 이는 그 자체로 선한 것입니다. 이들은 하느님께서 우리를 창조하시며 우리에게 주신 우리 본성의 일부이고, '나'라는 마차를 이끄는 말들입니다.

이 마차를 운전하는 것은 이성입니다. 이성은 인간이 단순히 육체의 필요와 욕구를 따르지 않고 의식적, 도덕적으로 세상을 보고 반응할 수 있게 해줍니다. 초기 그리스도인들에게 이성은 하느님을 보고 아는 것, 하느님께서 보시는 대로 보는 것, 하느님과 다른 사람을 사랑하는 것을 뜻했습니다. 용서, 예배, 타인에 대한 통찰은 모두 욕망과 분노를 동력으로 삼은 이성에서 비롯됩니다. 마부가 방향을 설정하면 말들은 그 방향으로 마차를 움직이게 합니다. 그러나 말들이 마부가 설정한 방향대로 가지 않아 마차를 전복시킨다면 혼란이 발생하겠지요. 이처럼 욕망과 분노는 정념의 원천이기도

합니다. 인간의 인격이 정념에 빠지면 자신을 만족시키는 데만 골몰하면서 자신을 소모하고 결국 파괴하게 됩니다.

정념은 결코 '나'를 채울 수 없습니다. 언젠가 니사의 그레고리우스는 이집트에서 이스라엘 사람들이 벽돌을 만들 때 사용했던 벽돌틀의 은유로 만족할 줄 모르는 정념의 모습을 설명한 바 있습니다. 이성의 인도를 받지 않는 욕망은 마치 계속 벽돌을 만들기 위해 끊임없이 진흙을 채워 넣어야 하는 벽돌틀과 같다고 말입니다. 이런 모습은 오늘날에도 쉽게 볼 수 있습니다. 사람들은 차를 갖고 싶다는 욕망을 채우기 위해 새 차를 삽니다. 하지만 수년이 지나면 또다시 새 차를 갖고 싶어하지요. "○○만 가진다면 행복해질 텐데"라고 말한 사람 중 실제로 행복해진 사람은 거의 없습니다. 먹는 것, 섹스, 돈을 원하는 만큼 누릴 수 있다고 해도 삶의 의미는 채워지지 않습니다. 욕망의 완전한 충족이란 애초에 불가능한 것이기 때문입니다. 이러한 욕망들은 채워지고, 비워지고, 다시 채워지기를 반복합니다. 이런 현상을 학자들은 '욕망의 순환'the cycle of desire이라고 부릅니다. 그렇기에 욕망과 분노라는 두 가지 기본적인 힘은 이성에 의해 적절히 통제될 때만 우리에게 해를 입히지 않고 유익하게 쓰일 수 있습니다.

물론 이때 이성은 현대인들이 생각하는 그 이성이 아닙니다. 현대인인 우리는 이성을 논리와 동일시하곤 합니다. 이성이 순전히 논리적 사고라면, 컴퓨터가 우리보다 훨씬 더 이성적인 존재라 할 수 있겠지요. 이러한 관점에는 감정을 이성의 반대, 혹은 이성의 적으로 보는 생각이 깔려 있습니다. 여기서 이성은 언제, 어디서나 보편적으로 적용되는 진리와 관련이 있는 것이고 감정은 개별적이고 특수하며 본질적으로 자기중심적인 것입니다. 이런 관점에 따르면 아이에 대한 어머니의 사랑은 아이에 대한 진실을 보지 못하게 합니다. 마을 뒤편에 있는 숲에 대한 주민들의 애정은 그 자리에 공장이 들어섰을 때 마을에 가져올 유익을 보지 못하게 합니다. 그리고 이런 특수하고 맹목적인 감정에 좌우되지 않는 컴퓨터가 더 '올바른' 판단을 할 거라 짐작하지요.

하지만 사막의 그리스도인들은 감정을 이성과 반대되는 것으로 보지 않았습니다. 그들에게 이성과 반대되는 것은 정념이었습니다. 앞에서 살펴보았듯, 그들은 사랑은 이성과 충돌하지 않으며 오히려 이성과 연결되어 있다고 보았습니다. 사막의 그리스도인들은 이성은 사랑을 섬기며, 사랑은 이성을 선으로, 하느님에게로 이끈다고 믿었습니다. 현대인인 우리는 가능한 한 사람을 좋지 않게 보려 합니다. 그리고 누군가의 참모습은 그 사람이 최악의 면모를 보일 때 드러난다고 여기지요. 그래서 은밀히 마리아는 음탕한 여인이고, 요한은 사기꾼이며, 순교자 수산나는 자기 생각만 하는 인물이라고 생각합니다. 오랜 시간 알고 지낸 누군가의 결점이 드러나면, 우리는 마침내 그의 참모습을 보게 되었다고 생각하지요. 이런 맥락에서 사랑은 맹목적인 것이며 누군가를 사랑한다면 그 사람의 결점을 보지 않거나, 결점을 덮어주어야 한다고 여깁니다. 하지만 초기 그리스도인들은 이와 반대로 생각했습니다. 그들은 자비로운 하느님의 눈으로 사람을 볼 때만 그 사람의 참모습을 볼 수 있다고 생각했습니다. 압바 마카리우스는 한 설교에서 이를 은유적으로 표현한 바 있습니다.

> 우리의 눈은 온전하지 못합니다. 그러니 어떤 사람을 볼 때는 어떤 판단도 하지 말고 온전한 사람으로 여기십시오. 육체가 굽은 사람은 곧은 사람으로, 마비된 사람은 건강한 사람으로 보십시오.[2]

진정 이성적이고 합리적인 사람이 되기 위해서는 이런 시선

---

[2] *Intoxicated with God: The Fifty Spiritual Homilies of Macarius* (S.J. Denville, N.J.: Dimension Books, 1978), Homily 15, 96.

을 가져야 합니다.

정념의 가장 좋지 않은 모습은 타인을 정죄하고 판단하는 태도로 드러납니다. 타인을 정죄하고 판단하는 태도에는 '나'라는 불이 지속해서 타오를 수 있도록 나 외의 것을 파괴하고 태워버리고자 하는 정념이 작동하고 있습니다. 우리를 제대로 보지 못하게 하는 것은 사랑이나 연민, 관대함이 아닙니다. 바로 정념입니다.

정념에 대한 이러한 이해는 현대 심리학 모형에는 잘 들어맞지 않을 수 있습니다. 하지만 인간의 내면은 매우 복잡하기에, 심리학 모형들로 다 설명할 수 없습니다. 정념, 그리고 욕망에 관한 초기 그리스도인들의 이해는 의식과 무의식, 본능과 자아와 초자아, 이성과 비이성이라는 개념들을 활용한 심리학의 논의들만큼이나 인간을 이해하는 데 도움을 줄 수 있습니다. 특히 그리스도인인 우리에게 이성이 사랑과 연관되어 있다는 가르침은 현실을 바라보는 데 커다란 도움을 줍니다. 우리의 삶, 우리를 둘러싼 현실에 어떤 의미가 있는지 파악하기는 쉽지 않습니다. 하지만 그리스도교는 하느님께서 자신이 창조하신 피조물에게 중립적인 태도를 취하지 않고 사랑으로 활동하시기 때문에, 우리의 삶, 우리를 둘러싼 현실 역시 그분의 사랑을 (온전히는 아닐지라도) 반영하고 있다고 가르칩니다. 물론 그렇다고 해서 세상 모든 것이 선하며 고통과 아픔은 어디까지나 환상이라고 가르치지 않습니다. 어떤 상황에서도 결국에는 모든 일이 잘될 것이라고 이야기하지도 않습니다. 그러나 올바로 볼 수만 있다면 세상에, 자연계의 구조 자체에, 이 세상을 살아가는 사람들 안에 하느님의 사랑이 있음을 알 수 있다고 말합니다.

　2세기 초기 그리스도교의 중요 사상가인 이레네우스Irenaeus는 사방으로 뻗은 십자가의 형태는 고난까지 감내하시는 사랑이 모든 곳으로 향하고 있음을 가리킨다고 이야기한 적이 있습니다. 거기에 덧붙여 그는 그 사랑은 언제나 존재했지만, 예수의 십자가 처형을 통해 선명하게 드러났다고 말했지요. 4세기 신학자 아타나시우스 역시 그리스도 안에서, 그리스도를 통해 하느님을 본다는 것은 곧 세계가 창조되던 그 시점으로 돌아가 하느님과 세계를 있는 그대로 보게 되는 것이라고 말한 바 있습니다. 즉, 그리스도교에서는 물리적 세계를 순전히 세속적인 공간으로 보지 않으며, 세속의 영역과 종교의 영역을 나누지도 않습니다. 그리고 이 세계가 우리에게 마냥 적대적이라고 생각하지도 않습니다. 그리스도인으로서 우리는 아기를 향한 엄마의 사랑과 기쁨, 자녀를 위한 부모의 희생, 친구들과의 우정, 곁에 있는 사람이 죽음을 맞이했을 때 느끼는 슬픔, 낳아 기르던 아이가 때 이른 죽음을 맞이했을 때 부모가 느끼는 형언할 수 없는 슬픔에서 세상을 향한 하느님의 사랑을 볼 수 있습니다.

정념과 육체

고대의 심리학, 즉 영혼학에서는 인간은 육체body와 정신mind으로 구성되어 있다고 가정했습니다(때때로 정신은 육체를 움직이는 생명력인 혼soul과 인간의 생각, 감정, 의식을 이루는 영spirit으로 나뉘기도 합니다). 정신은 육체의 제약을 받으며, 육체를 통제할 수 있으나 때로는 실패할 때도 있습니다. 일부 고대인들은 육체와 정신은 결합되어 있지만, 육체는 진짜 '나'의 구성요소가 아니라고 생각했습니다. 육체를 지닌 인간의 삶에 대한 이런 부정적인 견해가 주류는 아니었지만, 일부 이교도 철학자들은 이런 생각을 견지했지요. 이를테면 신플라톤주의 철학자 플로티누스Plotinus는 육체를 천시해 자신의 초상화조차 그리지 못하게 했습니다. 하지만 초기 그리스도인들은 인간이 일시적으로 육체에 갇힌 영이라는 이야기를 받아들이지 않았습니다. 초기 교회는 이러한 이야기를 하느님의 선함을 부정하는 이야기로 여기고 거부했으며 신경을 통해 몸의 부활을 믿는다고 확언했습니다.

오늘날 많은 사람은 인간을 육체와 정신으로 나누어 볼 수 있다는 견해에는 의구심을 갖지만, 육체의 선함을 긍정하는 이야기에도 딱히 동의하지는 않습니다. 현대 과학은 육체와 정신을 분리해 볼 수 없음을 입증했습니다. 현대 심리학에서도 영육 이원론을 비판하지요. 하지만 그리스도교의 어떤 교파에 속한 이들은 여전히 육체를 경시하곤 합니다. 이런 생각에 맞서 우리는 우리 육체를 아끼고, 육체와 영혼 모두가 온전해질 수 있는 길을 찾기 위해 노력해야 합니다.

반면, 인간이 육체와 정신으로 이루어져 있다고 보는 고대인들의 '과학'이 틀렸다고 해서 인간에 대한 그들의 관찰까지 틀린 것은 아닙니다. 그들은 우리의 육체가 우리를 제한하고 고통을 유발함을, 그리고 끝내 죽음에 이르게 함을 알고 있었습니다. 그들은 이런 물리적 한계가 자연스럽다고 생각했지만, 그런 한계를 기뻐하지는 않았습니다. 시리아 정교회 장례 예식서를 보면 죽은 이가 살아있는 사람들에게 말하는 것 같은 부분이 있습니다. 이 부분에 담긴 이야기는 죽음이 삶의 자연스러운 부분이기에 달갑지 않더라도 받아들여야 한다는 현대인들의 주장과는 사뭇 다릅니다.

연인과 자녀들아, 누가 나를 너희에게서 데려갔느냐? 아들과 딸아, 누가 나를 너희 가운데서 데려갔느냐? 이 시간이 나를 무덤으로 보내고 있으니 나를 위해 울어다오. 나를 애도해다오.[3]

삶은 좋은 것이며, 죽은 이는 다시 살 수 없기에 죽음을 인정해야 한다는 사실은 우리에게 커다란 고통으로 다가옵니다. 압바 포이멘은 말했습니다.

우리는 배고픔과 잠 때문에 단순한 것들을 보지 못합니다.[4]

수면에 대한 욕구, 음식에 대한 욕구, 죽음의 필연성은 모두 정념이지만, 우리가 책임져야 하는 것은 아닙니다. 정념이 사랑을 막는 속성을 갖고 있음을 생각해 보면, 왜 이러한 육체의 욕구가 분노, 시기, 권태와 엮여있는지 이해할 수 있습니다. 아이가 울어 밤새 수십 번을 깬 엄마는 아이의 울음을 더 듣고 싶지 않을 수 있습니다. 밥도 채 먹지 못한 상태에서 피로가 가득 쌓인 사람은 동료가 퇴근 시간 가까이에 상담을 청해올 때 연민을 가지고 듣지 못할 수 있습니다. 마흔 살이

---

3 The Order for the Burial of the Dead, *Syrian Orthodox Church* (1974), 92.

4 *The Sayings of the Desert Fathers*, Poemen 132, 186.

된 중년 남성은 열아홉 살 청년처럼 농구를 할 수 없습니다. 일정 나이가 지난 어느 날, 무심코 거울을 보다가 나이 든 자기 모습이 낯설었던 경험을 한 적이 있을 것입니다. 이처럼 우리 육체에는 우리가 통제할 수 없는 고유한 시간의 흐름이 있습니다.

사막의 그리스도인들이 육체를 수용하지 못하는 것처럼 보이는 발언을 많이 남긴 이유는 바로 이 때문입니다. 그들은 자신의 육체를 혐오한 것이 아닙니다. 다만 그들은 자신의 삶이 육체의 필요에 따라 결정되기를 바라지 않았습니다. 왜 필요 이상으로 자고 싶을까요? 왜 필요 이상으로 먹고 싶을까요? 사막의 그리스도인들은 음식과 잠에 필요 이상으로 의존하지 않도록 훈련을 해야 한다고 생각했습니다. 필요한 것들을 챙기되 방종에 빠질 수 있는 위험을 억제해야 한다고, 그렇지 않으면 쾌락에 중독되어 온전한 행복을 누릴 수 없거나, 더 나아가 무력한 상태에 빠지게 될 거라고 그들은 생각했습니다. 그렇기에 그들은 음식의 종류를 최소한으로 줄였고, 필요한 만큼만 자려 했습니다. 답답해 보이지만, 인간에 대한 정직한 관찰에 바탕을 둔 이들의 생각은 종종 비현실적인 조언으로 나타나기도 했습니다.

압바 아르세니우스는 수도사가 올바르게 분투하고 있다면 한 시간의 수면으로 충분하다고 말하곤 했다.[5]

그러나 지나치게 과해 보이는 이 말의 기저에는 우리 육체의 한계에 대한 진지한 고민이 담겨 있습니다. 아르세니우스는 단지 수면을 근절해야 한다고, 한 시간 이상을 자는 게 잘못되었다고 이야기한 것이 아닙니다. 전혀 잠을 자지 않은 한 수도사에 관한 이야기를 살펴보겠습니다.

알렉산드리아의 마카리우스Macarius of Alexandria는 잠의 필요를 넘어서기로 결심하고 잠을 정복하기 위해 20일 동안 집 안으로 들어가지 않았다. 그랬더니 낮에는 햇빛에 화상을 입었고 밤에는 추위에 시달렸다. 20일 뒤 그는 말했다. "집에 들어가 잠을 자지 않았다면, 제 정신은 더는 활동하지 않게 되었을 것입니다. 저는 제가 할 수 있는 만큼 잠을 극복했지만, 제 본성이 잠을 필요로 하는 한도 안에서는 이에 순종해야 했습니다."[6]

---

5 *The Sayings of the Desert Fathers*, Arsenius 15, 11.

6 *Palladius: The Lausiac History* (Ancient Christian Writers 34) (Westminster, Md.: Newman Press, 1964), sec. 18, 'Macarius of Alexandria', para. 3, 59.

인간은 무엇을 원하든 육체의 제약을 받기 마련이며, 그 한계를 무시하면 재앙을 초래할 뿐입니다.

흥미로운 점은 초기 그리스도인들은 육체와 정신은 서로 밀접한 관계를 맺고 있음을 알았기에 육체의 정념이나 정신의 정념 모두를 경계했다는 것입니다. 이와 관련해 에바그리우스 폰티쿠스Evagrius Ponticus는 탐욕은 죽음과 질병에 대한 두려움이 증폭되는 노년기에 커지는 경향이 있으며, 미래를 상상할 때조차 다른 사람에게 의지하지 못하는 정서적 무능력과도 관련이 있다고 지적한 바 있습니다. 또한, 탐식의 뿌리에는 다양한 음식에 대한 욕망, 아담과 이브를 곤경에 빠뜨린 욕망이 있으며, 이는 단지 육체의 욕망이나 정신의 욕망에서 비롯된 것이 아니라 육체의 한계에 대한 자신의 인지와 불안이 얽혀서 발생합니다.

보통 사막의 그리스도인들은 육체를 조절하는 법, 달리 말하면 자신의 참된 갈망과 목표에 어긋나는 모든 육체의 충동에 굴복하지 않는 법을 배웠습니다. 그렇기에 그들은 금욕만이 아니라 육체를 돌보는 법 역시 소중히 했습니다. 육체는 우리가 가진 유일한 것이며 육체 없이 우리는 아무것도 할 수 없음을 진지하게 생각했기 때문입니다.

육체를 적절하게 돌봐야 한다는 사막 그리스도인들의 이

야기, 그리고 실제 그들이 자신의 육체를 돌보기 위해 했던 분투는 현대를 사는 우리에게 일종의 자기 고문처럼 보일 수 있습니다. 하지만 육체의 필요를 넘어선 욕구를 절제해야 한다는 그들의 생각은 여전히 곱씹어 볼 만한 가치가 있습니다. 커피, 담배, 맛 좋은 요리, 여행 등 우리 삶에서 건강을 위해 반드시 필요한 것이 아님에도 불구하고 이를 하지 못해 괴로워하고 힘들어하는 경우가 얼마나 많습니까?

게다가, 현대인들은 과거 조상들이 겪지 않았던 심각한 문제를 겪고 있습니다. 바로 한 사람의 육체적 아름다움과 그의 건강, 그의 가치, 그가 가진 덕목 사이에 밀접한 관계가 있다고 믿는 것입니다. 그래서 우리는 나이 든 사람, 살이 찐 사람, 젊지만 육체적으로 볼품없어 보이는 사람, 장애가 있는 사람을 무시합니다. 현대인들은 영육 이원론이 근거가 없다는 것을 알지만, 한 사람의 외모를 보고, 그 사람의 육체를 보고 그 사람의 가치를 평가합니다. 그리고 이러한 혼란을 방치하거나, 은연중에 부추긴다는 점에서 교회 역시 다른 집단들과 마찬가지로 죄를 저지르고 있습니다. 한 사람의 육체를 보고 그 사람의 정신과 가치를 평가하는, 혹은 한 사람의 정신을 보고 그 사람의 가치를 평가하는 것은 강자에게 혜택을 주고 약자를 무시하는 잘못된 신학이며 그리스도인이 지

향해야 할 삶의 방식과는 분명 거리가 멉니다.

정념과 자유의 상실

정념은 우리의 눈을 가려 사랑할 수 없게 합니다. 정념은 우리가 세상을 보는 렌즈를 만들어내는데, 정작 우리는 그 렌즈가 있는지조차 모르는 경우가 많습니다. 우리가 정념의 지배를 받는다면, 스스로 객관적이라고 생각하고 있어도 실상 눈에 보이는 모든 것을 왜곡하는 감정, 마음 상태, 습관에 사로잡혀 있을 수 있습니다. 정념에 사로잡혀 있다면 우리가 사랑이라고 생각하는 것은 사랑이 아닐 수도 있습니다.

여러 정념 가운데서도 특히 어려운 것은 시기envy입니다. '나'보다 나이가 어린 이웃이 있다고 가정해보지요. 그 이웃은 여성이고, 나보다 세 배나 많은 월급을 받는 직업을 갖고 있고, 비싼 옷과 큰 집을 소유하고 있으며, 하는 일마다 번창하고 있습니다. 반면 '나'는 중년 남성입니다. 내게 인생은 버겁기만 한데, 그녀의 인생은 너무나 잘 풀리고 있는 것처럼 보입니다. 그녀의 삶은 그 자체만으로 내 분투를 깎아내리고 내가 하는 일이 제대로 보상받지 못한다는 생각이 들게합니다. 그런데 어느 날, 그녀의 결혼 생활에 문제가 있다는 소문이 동네에 돌기 시작합니다. 그녀와 만나면 반갑게 인사하고, 그녀가 별다른 해를 입지 않기를 바라고, 괜히 뒷말을 하지 않겠다고 마음을 먹습니다. 그럼에도 불구하고, '나'는 약간의 쾌감과 만족감을 느낍니다. 그녀는 좀 그래도 된다고, 곤경을 겪어도 된다고 은연중에 생각합니다. 시기는 '나'로 하여금 권력에 대한 욕망, 내 삶이 그녀의 삶만큼 잘 풀리지 않는 것에 대한 분노, 사회적으로 성공한 그녀 옆에 있을 때 나도 모르게 움츠러드는 마음, 약간의 굴욕감, 그녀가 소유한 것을 나도 소유하고 싶다는 은밀한 바람을 가지고 그녀를 보게 만듭니다. 그리스도인으로서 '나'는 그녀를 응원하고 격려하고 싶지만, 이웃으로서 그녀를 사랑해야 한다고 되뇌지만, 나는 그녀를 있는 그대로 바라보지 못합니다. 이러한 왜곡은 그녀를 사랑하지 못하게 하는 걸림돌이 되고 맙니다. 우울증을 경험해본 사람이라면 이를 알고 있을 것입니다. 우울증은 우리의 시야를 왜곡해 비참한 결과를 가져옵니다. 우울증은 우리의 일과 놀이에서 기쁨을 앗아갑니다. 우울증은 우리가 삶을 밋밋하고 공허하게 느끼도록 만듭니다. 모든 것이 지루하고, 침대 매트리스는 괜히 불편하고, 모든 음식도 맛이 없는 것처럼 느껴집니다. 선한 사람도 위선자로 보이고, 인간의 삶에 아무런 가치도 두지 않는 냉소주의자가 유일하게 현실을 제대로 보고 있는 것처럼 느껴집니다. 그런 상태에 사로잡히면 우리 자신의 삶은 무가치한 것처럼, 나 자신이 누구에게도 도움이 되지 못하는 존재처럼 보입니다. 우울증이 심해질수록 스스로가 다른 사람들로부터 더 고립되어 있다고 느낍니다. 나와 다른 사람을 있는 그대로 보기가 어려워지는 것입니다.

나와 다른 사람을 보는 방식이 정념으로 인해 왜곡되면 하느님을 보는 방식도 왜곡됩니다. 자신과 다른 사람을 원망하고, 자신과 다른 사람을 향해 분노하는 이는 하느님을 사랑의 하느님, 용서하는 하느님으로 경험하지 못합니다. 여성을 혐오하는 남성은 남성적인 측면뿐 아니라 여성적인 측면으로도 다가오시는 하느님을 온전히 체험하지 못합니다. 그 반대도 마찬가지겠지요. 하느님에 대한 지배적인 심상이 법을 세우고 심판하는 역할이라면 그에게 하느님의 자비는 낯선 것이 됩니다.

이런 맥락에서 사막의 그리스도인들은 그리스도인이 되었다고 해서 처음부터 하느님을 참되게 사랑할 수 없다고 이야기했습니다. 우리는 우리의 렌즈로 보이는 그분의 모습을 사랑할 수 있지만, 그 렌즈는 이미 너무 왜곡되었기에 하느님을 하느님 그대로 사랑할 수 없습니다. 그분을 좀 더 온전히 사랑하기 위해서는 정념의 힘이 약해져야 합니다.

현대인인 우리는 정념을 분출하고 표현하는 것을 자유라고 생각합니다. 화가 나서 부엌 바닥에 컵을 던져 깨뜨릴 때 우리는 은밀한 해방감을 느낍니다. 오랫동안 화가 쌓여왔음을 스스로 인정하지 못했으나, 비로소 받아들였다는 측면에서 그런 행동을 자유라 말하는 이도 있겠지요. 그러나 사막의 그리스도인들은 정념이 우리의 눈을 멀게 하며 자유를 앗아 간다고 말합니다. 누군가의 분노가 폭발한다면 폭발하기 전에 이미 그 분노가 그 안에 자리 잡고 있다고 할 수 있으며, 더 나아가서는 분노가 그를 잠식한다고도 할 수 있을 것입니다. 그렇기에 예기치 않게 분출되는 분노는 자유가 아니며, 분출되었다고 해서 분노가 완전히 사라지지도 않습니다. 심리학에서도 분노를 '자유롭게' 분출하는 것은 분노를 종식하는 것이 아니라 오히려 증폭한다고 이야기하지요.

우리 자신, 그리고 다른 사람의 실재가 우리 눈에 보이는 것과 다르다면, 우리는 우리 자신에 대해서도, 다른 사람과 관련해서도 진실한 선택을 할 수 없습니다. 세상이 자신을 위협하며, 자신에게 적대적이라고 믿는 사람은 다른 사람들이 자신이 잘 되기를 바라거나 자신에게 관심을 갖고 있다는 것을 믿지 못합니다. 담배에 중독된 사람, 그리하여 담배의 노예가 된 사람들은 흡연이 폐암을 유발한다는 증거를 무시하거나 우리는 모두 언젠가 병에 걸려 죽는다고 말하곤 합니다. 그렇게 그들은 스스로 현실에 눈을 감고, 참된 자유를 잃어버리고 맙니다. 가족과 친구들의 압력을 못 이겨 젊은 연인이 결혼을 하면 결혼 생활은 비참할 확률이 높습니다. 상대를 온전히 상대로 보지 못하는 상황에서, 다른 사람의 기대를 충족하고 싶은 욕구, 선하고 성공적인 사람으로 보이고 싶은 욕구에 휘말려 결혼을 택한다면 결혼이 가져다줄 수 있는 행복을 제대로 누리기 힘들기 때문입니다.

참된 자유는 주어진 상황에서 실제로 무엇을 선택할 수 있는지 제대로 볼 수 있을 때, 올바로 선택하고 행동할 수 있을 때 누릴 수 있습니다. 이러한 맥락에서 자유는 사랑을 향한 자유라 할 수 있습니다. 아이처럼 자기 욕구에 충실하게 마음대로 행동하는 것은 자유가 아닙니다. 나쁜 사람이 되고픈 마음이 들어 나쁜 행동을 하는 것이 자유가 아닙니다. 그런 기회는 시시각각 우리에게 찾아옵니다. 그 기회를 잡는 것은, 그 기회에 사로잡히는 것은 자유가 아닙니다. 사랑할 수 있는 자유, 사랑을 향한 자유만이 참된 자유입니다.

정념, 유혹, 죄, 그리고 마귀들

정념은 어디서 오는 것일까요? 정념은 우리에게 자연스러운 것일까요? 아니면 유혹과 같은 것일까요? 정념은 죄와 어떤 관련이 있을까요?

초기 교회의 문헌들에는 악마와 마귀가 무수히 등장합니다. 복음서만 봐도 알 수 있습니다. 예수께서는 광야에서 마귀의 유혹을 받으셨고, 귀신들을 돼지 떼에 들어가게 해 쫓으시기도 하셨고, 귀신 들린 이들을 고치시기도 하셨습니다. 당시 사람들에게 악마와 마귀는 언제 어디에나 있는 존재들이었습니다. 4세기 사막의 그리스도인들은 이런 악마와 마귀에 대한 생각을 정념, 그리고 유혹과 연결했습니다. 그래서 이 시기에 나온 문헌들을 보면 악마와 마귀에 대한 다양한 생각, 그리고 정념과의 연관성을 엿볼 수 있습니다. 성 안토니우스의 전기를 보면 악마는 안토니우스를 유혹하기 위해 때로는 아름답고 매혹적인 여인으로, 때로는 작은 흑인 소년으로 등장합니다. 온갖 고초를 겪는 가운데서도 안토니우스는 죽음과 파괴의 세력을 의인화했다고 볼 수 있는 악마, 마귀(하지만 이들이 말을 하고, 온갖 소음을 일으켜 안토니우스를 괴롭히는 것을 보면 순전한 상징이라고만 할 수는 없습니다)와 싸우기 위해 무덤으로 갑니다. 굴복하지 않고 끈질기게 맞선 끝에 결국 그는 악마와 마귀들을 물리칩니다. 안토니우스에게 마귀들은 외부에 실존하는 적대적인 존재였습니다. 그러나 그는(혹은 그의 전기를 쓴 아타나시우스는) 악마가 실제로 초자연적인 힘을 갖고 있지는 않다고 생각했습니다. 당시 그리스도인들은 악마와 마귀는 우리의 생각을 읽으려 하지만, 우리의 정신 속으로 들어올 수는 없고, 대신 우리를 주의 깊게 관찰하며 우리의 신체 언어를 읽어낸다고 보았습니다. 일부 이교도들이 생각하듯 악마와 마귀는 미래를 예측하지 못한다고 안토니우스는 생각했습니다. 대신 그들은 매우 빠르게 장소를 옮겨 다니며 자신들이 발견한 것을 활용하는 방식으로, 자연에 있는 것들을 활용하여 우리를 곤경에 빠뜨린다고 이야기했지요. 악마와 마귀가 어떻게 활동하는지에 대해 모든 초기 그리스도교 문헌이 같은 목소리를 내고 있지는 않지만, 적어도 악마가 사람들이 생각하는 것처럼 그리 강한 힘을 갖고 있지는 않다는 점, 우리를 지배할 힘을 갖고 있지는 않다는 점에 대해서는 동의했습니다. 사막의 그리스도인들은 악마가 이루 말할 수 없이 악랄하고 영악하나 우리의 약점, 취약한 부분만 공격할 수 있을 뿐, 우리가 동의하지 않는 것에 대해 동의하게 만들거나, 행동하게 할 수 있게 만드는 힘은 갖고 있지 않다고 보았습니다. 이러한 맥락에서 악마의 무기는 '유혹'이었습니다. 사막의 그리스도인들이 남긴 금언 중에서 다음과 같은 이야기를 발견할 수 있습니다.

압바 아가톤의 제자 아브라함이 압바 포이멘에게 물었다. "어떻게 마귀들과 싸워야 할까요? 마귀들에 맞서기 위해서는 어떻게 해야 할까요?" 포이멘이 말했다. "마귀들에 맞선다고요? 우리가 하느님의 뜻이 아닌 우리의 뜻대로 사는 한 마귀들은 우리와 싸우지 않습니다. 우리가 우리의 뜻대로 살도록 하는 것이 마귀가 바라는 바고, 마귀는 우리가 우리의 뜻대로 살도록 만들기 위해 우리를 공격하기 때문입니다. 마귀들이 실제로 싸우는 이들은 모세나 그를 닮은 사람들입니다."[7]

압바 포이멘에 따르면 평범한 사람들, 수도사들은 마귀를 경험하지 않습니다. 그는 악마를 상대하는 이들은 모세와 같은 위대한 신앙의 인물들이라고 말했는데, 이는 유혹은 외부에 있는 마귀나 악마가 아니라 바로 자기 자신, 자신의 뜻에서 비롯된다는 말입니다. 그는 평범한 사람들은 악마가 괴롭힐 필요도 없이 자신의 욕망에 굴복한다는 것을 꿰뚫어 보았습니다. 그래서인지 정념을 분석해 이른바 일곱 가지 죄에 관한 논의에 크게 기여한 에바그리우스 폰티쿠스는 악마나 마

---

7 *The Sayings of the Desert Fathers*, Poemen 67, 176.

귀에 대해 별다른 관심을 보이지 않았습니다. 그는 수도사가 주목해야 할 것은 악마나 마귀가 아니라 정념이라고 말했습니다.

초기 그리스도인들이 악마나 마귀를 어떻게 여겼느냐는 물음은 흥미롭기는 하지만, 오늘날 우리에게 좀 더 중요한 물음은 초기 그리스도인들이 유혹과 정념을 어떻게 생각했냐는 것입니다. 그리스도인으로서 우리는 종종 죄의 '유혹'을 느끼는 것을 죄를 '범하는 것'과 혼동하는 경향이 있습니다. 이를테면 상사가 자신을 괴롭힐 때 우리는 간혹 그를 반쯤 패 죽이고 싶다는 상상을 하곤 합니다. 그런 상상을 하고 난 다음에는 실제로 폭력을 휘둘렀을 때만큼이나 죄책감을 느끼곤 하지요. 순간 일어난 분노로 인해 그런 상상을 하는 건 그리스도인의 사랑에 위배된다고 여기기 때문입니다. 물론 그렇습니다. 예수께서도 여인에게 음욕을 품은 사람은 이미 그 여인을 간음한 것이라고, 형제나 자매에게 성내는 사람은 심판을 받을 것이라고 말씀하셨지요.

하지만, 이 부분과 관련해 초기 그리스도인들은 우리보다 훨씬 더 섬세했습니다. 물론 당시에도 '완전한' 그리스도인은 더는 유혹을 받지 않고, 정념에 사로잡히지도 않는다고 생각하는 이들이 있기는 했지만, 그 수는 그리 많지 않았습니다. 오히려 다수의 초기 그리스도인들은 우리가 살아가는 한 끊임없이 유혹을 받을 수밖에 없다고 생각했지요. 그 형태는 다르다 할지라도 차분하게 생각하고 싶지 않은 유혹, 게으름을 피우고 싶은 유혹은 아이도 받고, 어른도 받습니다. 그래서 그들은 이러한 유혹과 평생 싸워야 한다고 생각했습니다. 그리고 초기 그리스도인들은 정념을 조금씩 통제해 어떤 유혹에서 벗어나면 또 다른 유혹이 다가옴을 알고 있었습니다. 여기서 주목해 볼 점은 그들이 정념, 유혹, 죄를 구분했다는 것입니다. 유혹은 정념도 아니고, 죄도 아닙니다. 우리가 진실로 통제할 수 없는 것은 책임도 질 수 없습니다. 마음에서 갑자기 심상이 떠오르는 것, 갑자기 감정이 치밀어 오르는 것을 우리는 통제할 수 없습니다. 중요한 것은 그러한 심상, 생각, 기분을 붙잡아 증폭시키느냐, 절제해 가라앉히느냐는 것입니다. 좋지 않은 심상, 생각, 기분, 즉 정념이 일어나면 우리는 거기에 휘말리지 않도록 해야 합니다. 그것은 우리가 책임질 수 있는 일입니다.

우리가 정념의 손아귀에 말려들면, 정념은 그 자체로 무언가 생명을 가진 것으로 변합니다. 다른 사람에 대한 막연한 혐오가 손쉽게 커다란 분노로, 누군가에 대한 부러움이 음해로 바뀔 수 있습니다. 성적 매력을 지닌 누군가에 대한 환상은 그에 대한 집착이 될 수 있습니다.

좀 더 들어가 보면 정념은 무언가로 발달하려는 모습을 보입니다. 누군가 압바 포이멘에게 "악으로 악을 갚지 말라"(1 데살 5:15)는 성서 구절의 의미가 무엇인지 물어보자, 이에 대한 답변으로 포이멘은 정념이 시작부터 성장하는 과정을 설명합니다.

> 정념들은 네 단계로 작용합니다. 첫 번째는 마음으로, 두 번째는 얼굴로, 세 번째는 말로 활동합니다. 그리고 네 번째는 악을 악으로 되갚으려는 행동으로 드러납니다. 마음을 정화할 수 있다면, 정념은 표정으로 드러나지 않을 것입니다. 하지만 이를 놓쳐 정념이 얼굴에 드러나면, 말을 삼가십시오. 말을 시작했다면, 악을 악으로 갚지 않기 위해 속히 대화를 중단하십시오.[8]

포이멘에 따르면, 우리는 정념이 다음 단계로 번져나가게 할 수도 있고, 그렇지 않게 막을 수도 있습니다. 유혹은 우리의 선택 여부와 무관하게 우리를 찾아오지만, 정념은 유혹처럼

---

8 *The Sayings of the Desert Fathers*, Poemen 34, 172.

한 번에 우리를 압도하지는 않기 때문입니다.

사막 그리스도인들의 금언집은 죄에 관해서는 거의 언급하지 않습니다. 하지만 유혹과 정념들에 대해서는 상당히 많이 다룹니다. 유혹은 죄가 아닙니다. 하지만 정념들은 사랑할 수 있는 능력을 파괴하며, 사랑의 대상이 되어야 할 이웃에게 해를 끼칠 가능성이 높습니다. 정념이 만든 일에 대한 책임은 우리에게 있다고 그들은 강조했습니다. 그렇다면 왜 그들은 죄에 대해서 거의 말하지 않았을까요? 정념으로 인해 상처를 입게 되는 것은 하느님이 아니라 하느님의 형상인 우리 자신이기 때문입니다. 사막 그리스도인들은 온갖 정념들로 인해 상처 입은 우리 인간을 하느님께서 치유해주실 거라 믿었습니다. 그렇기에 그들은 마지막 심판의 날에 대해 이야기할 때도 하느님의 정의보다는 하느님의 자비를 훨씬 더 강조했습니다.

정념에 이름 붙이기

지금까지 정념에 관해, 그리고 정념이 어떻게 우리의 눈을 가려 이웃, 하느님, 현실을 제대로 볼 수 없게 만드는지 살펴보았습니다. 이제 신앙의 선배들이 경계했던 개별적인 정념들이 무엇인지, 그리고 그 정념들이 그들에게, 그리고 우리에게 어떠한 피해를 입혔고, 입히고 있는지를 살펴보겠습니다.

사막 그리스도인들이 말하는 정념은 심각한 문제를 가진 소수에게만 해당하지 않습니다. 우리는 모두 다양한 조합, 다양한 강도의 정념들로 고통을 받습니다. 정념들은 우리의 삶을 왜곡합니다. 우리는 정념에 휘말리게 되면, 주위를 둘러보며 '나'보다 더 나쁜 사람, 혹은 더 나은 사람을 찾습니다. 나쁜 사람과 비교하며 '나'는 그리 나쁜 인간이 아니라고 변명하고 싶거나, 더 나은 사람을 보며 내 상황은 너무 나빠 희망이 없다고 '나'를 정당화하고 싶어지기 때문입니다.

그러나 이는 유혹입니다. 애초에 우리가 정념에 대해 이야기하는 이유는 다른 누구도 아닌 나 자신이 정념에서 벗어나기 위함이지, 다른 누군가를 깎아내리거나 혹은 그와 견주어 죄책감을 더 느끼기 위함이 아닙니다. 정념들에 관한 논의가 다른 사람의 연약함과 약점을 보고 지배하는 무기가 되어서는 안 됩니다. 정념에 이름을 붙이는 이유는 우리가 사랑을, 자유를 누리기 위해서입니다.

초기 교회에서는 누구나 정념에 대해 이야기했습니다. 당시에 정념에 대해 이야기하는 것은 인간의 어려운 삶을 이야기하는 어떤 특별한 종교적인 방식이 아니었습니다. 앞에서 살펴보았듯 정념은 당시 심리학의 주요 개념이었습니다. 그리스도인들은 안토니우스가 등장하기 전에는 가정에서, 안토니우스 이후에는 사막에서 이 정념들과 싸웠습니다. 그리스도교의 맥락에서 정념의 기원과 어떻게 이에 맞서야 하는지를 체계적으로 다룬 인물은 에바그리우스 폰티쿠스입니다. 그가 제시한 정념들은 중세 교회가 제시한 일곱 가지 대죄의 기초가 되었지요. 지금부터는 이 정념들에 대해 살펴보려 합니다. 그러나 이 목록이 모든 정념을 총망라한 것이 아님을 분명히 말합니다. 다른 그리스도교 문헌에서는 이 목록에는 없는 정념에 대해 이야기하기도 하며, 우리 역시 여기서 논의하지 않은 다른 정념으로 인해 문제를 겪을 수 있습니다.

탐식 Gluttony

에바그리우스의 목록에 있는 첫 번째 정념은 탐식입니다. 에바그리우스를 비롯한 많은 그리스도인은 아담과 이브가 저지른 최초의 죄가 탐식이라고 믿었습니다. 사막의 그리스도인들은 이 말을 광범위하게 사용했는데, 탐식은 단순히 과식을 의미하기도 했지만, 좀 더 근본적으로는 불필요하게 많은 음식을 먹으려는 욕망을 의미했습니다. 실제 육체의 필요와는 무관한 음식에 대한 집착을 가리키는 말이었던 것이지요. 에바그리우스는 자신이 원하는 것을 먹지 않으면 병에 걸릴 것이라는 두려움을 탐식과 연결했습니다. 탐식은 음식이 우리를 통제하도록 허용하여, 우리가 더 유익하게 쓸 수 있는 시간과 관심을 뺏는 것이었습니다.

오늘날 현대인에게 '탐식'은 남다른 의미를 가질 수 있습니다. 탐식이 음식에 대한 집착을 뜻한다면, 현대 문화는 '탐식의 문화'라도 해도 과언이 아닙니다. 그리고 우리는 이로 인해 고통을 받고 있지요. 물론 초기 그리스도인들을 포함한 고대인들은 인간은 다양한 영양소를 섭취해야 한다는 사실을 알지 못했습니다. 그러나 현대인인 우리는 이미 다양한 영양소 섭취라는 차원을 넘어 음식에 과도한 시간과 비용을 지출하고 있습니다(식사 계획, 쇼핑, 요리, 식사, 뒷정리에 들이는 시간과 비용을 생각해 보십시오). 어떤 사람들은 건강에 집착한 나머지 실제로는 건강에 별달리 도움이 되지 않는 건강식품, 필요 이상의 운동에 시간과 힘과 돈을 투자합니다. 정념으로서의 탐식이 우리의 눈을 멀게 하고 사랑을 방해한다는 측면에서, 신경성 식욕부진증anorexia nervosa은 특히 위험해 보입니다. 이 섭식장애는 환자가 자신의 육체를 제대로 보지 못하는 것과 깊은 연관이 있기 때문입니다. 전 세계에 기아가 만연하다는 사실만 봐도 우리는 탐식이라는 문제를 진지하게 생각해 볼 필요가 있습니다. 왜 우리는 식량 자원을 나누지 않을까요?

탐욕 Avarice

에바그리우스에 따르면 탐욕은 내가 가진 것을 다른 사람과 나누지 않는 것입니다. 탐욕은 미래에 대한 두려움('내가 지금 가진 것을 포기하면 나중에 고생하게 되지 않을까? 내가 병에 걸려나 자신을 부양할 수 없게 되면 어떻게 될까?')에서 비롯됩니다. 그리고 같은 맥락에서, 훗날 도움이 필요할 때 다른 사람의 도움을 받지 않겠다는 마음에서 탐욕이 나온다고 할 수도 있습니다.

정념은 우리의 눈을 멀게 만든다는 점을 기억하십시오. 에바그리우스가 이야기한 탐욕을 오늘날 맥락에서 살펴보면, 우리가 미래를 지나치게 염려하고 있지는 않은지 생각해볼 수 있습니다. 특히나 일어날 가능성이 그리 크지 않은 일에 대해 염려하여 필요 이상으로 비축해 두고 있지는 않은지를 생각해볼 수 있습니다. 다른 한편으로는, 비현실적인 박탈감, 자신에게 어떤 식으로든 되돌아오지 않으면 남들에게 베풀지 않는 마음도 탐욕일 수 있습니다. 탐욕은 어떤 식으로든 무언가를 소유하는 것이 실제보다 훨씬 더 큰 안정감을 제공한다는 믿음과 관련이 있습니다. 물질주의가 강한 오늘날 문화에서는 특히 이러한 믿음이 만연합니다.

사막의 그리스도인들은 자선을 받는 것, 즉 타인의 도움을 받는 것에 수치심을 느끼는 것도 탐욕이라고 보았습니다. 현대 문화는 절대로 궁핍해지지 않는 것을 미덕으로 여길 뿐 아니라, 물질적으로나 감정적으로 결핍된 이들을 경멸하는 경향이 있습니다. 그러나 복음서에서 예수께 다가갈 수 있었던 사람들은 자신에게 도움이 필요함을 아는 사람들이었습니다. 이웃에게 도움을 요청하지 못하게 하거나, 도움을 받지 못하게 하는 교만, 삐뚤어진 독립심은 결코 미덕이 아닙니다. 이러한 정념을 극복하기 위해서는 진실로, 다른 눈으로 세상을 보아야 합니다.

음욕Impurity

음욕은 일곱 가지 정념 중 가장 난해합니다. 사막의 그리스도인들 사이에서도 이 말이 정확히 무엇을 뜻하는지 견해가 일치하지 않기 때문입니다. 에바그리우스는 이를 '육체에 대한 탐닉'이라고 말했습니다. 가장 단순한 차원에서, 음욕은 금욕을 맹세한 이들이 성욕의 해소를 갈구하게 만들었습니다. 그래서 결혼을 하기 위해 수도 생활을 그만두도록 만들기도 했습니다. 당시 사막 그리스도인들은 독신 생활을 가장 철저한 신앙의 헌신으로 여겼기에, 이런 일은 실로 커다란 문제였습니다. 그들은 하느님의 약속이 이루어질 것이라고 믿었기 때문에 죽음과 마주했을 때 자기 곁에서 자신을 위로해 줄 배우자, 자신의 죽음 이후 자신의 삶을 이어 나갈 자녀가 필요하지 않다고 생각했습니다. 그런 그들에게 음욕에 굴복하는 것은 육체의 만족을 위해 소망을 포기하는 것과 다름없었습니다.

오늘날 성욕의 해소와 결혼에 대해 이런 식으로 생각하는 사람은 거의 없을 것입니다. 그렇지만 성이 우리의 삶, 그리고 우리 자신에 대한 이해에 커다란 영향을 미친다는 것 또한 부정할 수 없습니다. 많은 사람이 성적 매력을 높게 평가합니다. 그래서인지 성적 매력이 있다는 이유로, 성적 매력을 제외하면 결혼하지 말아야 할 이유가 산재한 이와 결혼하는 경우도 종종 있고, 욕정으로 인해 준비되지 않은 출산을 하는 일도 빈번하게 일어납니다. 결혼하고 난 뒤에도, 성적 탐닉으로 인해 결혼 생활이 깨지는 경우도 심심치 않게 일어납니다.

우울, 혹은 슬픔

현대인 중 우울이 정념, 혹은 열정에서 비롯된 것이라 생각하는 사람은 많지 않을 것입니다. 하지만 우울증으로 고통받는 이들은 우울이 사람을 가장 쇠약하게 만드는 정념임을 압니다. 우울증을 겪으면 우리가 무엇을 하든, 하지 않든 우리 자신이 하느님의 사랑을 받는 자녀임을 체감할 수 없습니다. 우울은 주변을 보는 방식은 물론, 자기 자신, 과거, 성취 역시 왜곡하고 회색으로 물들입니다. 우울증에 걸리면 자신의 시야가 왜곡되어 있음을 알면서도 이에 맞서 싸울 힘을 찾지 못합니다.

에바그리우스는 우울의 뿌리가 현재 삶을 살기 위해 포기한 것들에 대한 아쉬움, 슬픔에 있다고 보았습니다. 수도사의 경우 우울은 가족을 다시 가질 수 없다는 사실, 안락했던 과거, 명예로웠던 기억에서 비롯될 수 있습니다. 오늘날 사람들의 경우에는 어떤 사람과 결혼하지 않은 것에 대한 아쉬움, 독신 생활에 대한 아쉬움, 자녀를 갖지 않거나, 자녀를 갖지 못했거나, 다른 직장, 다른 직업을 택하지 않은 것에 대한 후회에서 비롯될 수 있을 것입니다. 이때 그 후회가 '무엇'에 대한 후회인지는 그리 중요하지 않습니다. 중요한 건 우울이 우리가 삶을 긍정적으로 바라볼 수 있는 모든 요소를 빨아들

인다는 것입니다. 에바그리우스의 분석에 대한 동의 여부와
는 관계없이, 우울이 모든 정념 중 가장 파괴적이고 고통스
러운 것이라는 데는 의심의 여지가 없습니다.

분노

에바그리우스는 분노를 가장 격렬한 정념으로 보았습니
다. 사막 그리스도인들과 관련된 문헌들을 보면 분노의 파괴
적인 성격을 다룬 내용이 다른 정념들을 다룬 내용보다 압도
적으로 많습니다. 그들은 분노가 다른 어떤 정념보다 사랑
을 파괴할 가능성이 크다고 보았기 때문입니다. 또한, 분노
는 상당 부분 다른 사람이 받는 몫이 내가 받는 몫보다 크다
는, 혹은 내가 받는 몫이 다른 사람보다 못하기에 다른 사람
을 바로잡아야 한다는 데서 나오기 때문에 자기기만의 위험
이 있습니다. 이 맥락에서 우리는 포이멘의 이야기를 귀담아
들을 필요가 있습니다.

이웃을 가르치는 것은 건강하고 정념에 사로잡히지 않은 사
람의 임무입니다. 자기 집을 부수면서 다른 사람의 집을 짓

는 것이 무슨 유익이 있겠습니까?[9]

분노의 정도와는 관계없이, 우리가 느끼는 모든 분노는 우리의 힘과 주의를 빼앗아 기도를 방해하고, 하느님에게 나아가는 것을 가로막습니다.

현대 문화는 은연중에 분노가 그리 나쁘지 않으며, 이를 분출하는 것이 좋다고 이야기합니다. 그러나 많은 심리학자는 분노를 분출한다고 해서 그것이 사라지지 않는다고 말합니다. 설령 분노를 분출함으로써 그것이 사라진다고 해도, 그로 인해 분노를 분출한 대상과의 관계가 손상되거나 깨진다면, 사랑이라는 목표를 이룰 수 없게 됩니다. 그렇기에 에바그리우스는 분노를 일으킨 원인이 무엇이든 그 문제를 해결하기 위해 분투하라고 권합니다. 동시에 분노를 일으킨 대상보다 자신을 위에 두지 말라고 합니다. 물론 노력으로 모든 관계가 원만하게 해결되지는 않을 것입니다. 하지만 이런 문제와 마주했을 때, 이를 해결하기 위해 노력하고자 하는 생각조차 하지 않는 것은 어떤 것도 바꾸지 못합니다.

한편, 에바그리우스는 분노를 분출하는 것의 위험성뿐만

---

9 *The Sayings of the Desert Fathers*, Poemen 127, 185.

아니라 분노에 침묵할 때의 위험성도 지적합니다. '내가 오늘 아무것도 하지 않으면 내일은 괜찮아지겠지'라며 분노에 침묵하는 것은 분출하는 것과는 또 다른 방식으로 현실을 외면하는 것이기 때문입니다. 에바그리우스에 따르면 이는 미덕이 아니라 유혹입니다. 분노는 저절로 사라지지 않습니다. 친밀한 관계를 맺고 있는 누군가에게 분노가 솟구친다면 이를 두고 그와 대화를 나누어야 합니다. 에바그리우스의 권고를 진지하게 받아들인다면 우정, 결혼, 더 나아가 교회에서도 많은 변화가 있을 것입니다.

아케디아

중세 시기에는 이 말을 '나태'sloth로 번역했지만, 아케디아는 나태나 게으름laziness만을 뜻하지 않습니다. 아케디아는 일상을 견디기 힘들 정도로 지루하게 만드는 불안, 혹은 권태로운 상태를 뜻합니다. 이를 두고 에바그리우스는 아케디아에 사로잡히면 하루가 50시간처럼 길게 느껴진다고 말한 적이 있지요. 이 정념에 사로잡히면 인생은 풍미를 잃게 되고, 괜히 다른 사람을 탓하거나 원망하게 됩니다. 에바그리우스는 아케디아에 사로잡혔다면, 현재 자신을 옭아매는 것들을 버리고 어딘가로 떠나라고 조언했습니다. 하지만 모든 사막의 그리스도인들이 에바그리우스처럼 조언했던 것은 아닙니다. 압바 모세의 경우에는 오히려 아케디아를 치유하기 위해서는 같은 장소에 끈질기게 붙어있어야 한다고 말했습니다.

> 가서 독방에 앉으십시오. 그러면 독방이 모든 것을 가르쳐 줄 것입니다.[10]

어떤 식으로든 아케디아는 사람의 의욕을 꺾습니다. 우리도 일상에서 이를 종종 겪곤 합니다. 현재 하고 있는 일을 끔찍할 정도로 하기 싫을 때가 있습니다. 어떤 이들은 결혼 생활이 지루하게 다가올 때 외도를 통해 이를 극복하려 합니다. 또 어떤 이들은 아케디아에서 벗어나고자 정기적으로 거주지를 바꾸거나, 위험한 취미를 갖거나, 밖에 나가 돈을 쓰기도 합니다. 어떤 방법을 택하든, 결국 아케디아는 삶을 공허하고 지루한 것으로 만들어버립니다. 현재에 만족할 수 없도록, 그래서 쉴 수 없게 만드는 것이지요.

보통 아케디아가 일어나는 데는 두 가지 이유가 있습니

---

10 *The Sayings of the Desert Fathers*, Moses 6, 139.

다. 하나는 잠을 너무 적게 자거나 여가를 충분히 즐기지 못함으로 인해 생기는 피로입니다. 만성 피로만큼 삶에 대한 흥미를 잃게 만드는 것은 없습니다. 이때 에바그리우스의 조언을 따라 지금, 여기서 벗어나는 것이 도움이 될 수 있습니다. 하지만 모든 상황에서 이 방법을 사용할 수 있는 것은 아니며, 이 방법이 무조건 도움이 되는 것도 아닙니다. 예를 들어, 아이를 키우는 부모라면 아이가 일정한 나이가 될 때까지 집을 떠나기가 쉽지 않습니다. 이런 경우, 아이와 함께 휴식을 취하고 싶은 욕구를 진지하게 받아들이지 않아 아케디아에 빠진 것일 수 있습니다. 그러므로 에바그리우스의 조언은 '고요한 시간과 장소를 찾고 또 마련하라'는 의미로 받아들이는 것이 좋습니다. 매일 어느 정도 숨 쉴 시간을 마련하는 것은 누구나 가능합니다. 그리스도인에게는 이를 실천할 수 있는 기도라는 좋은 방법이 있습니다.

아케디아가 일어나는 또 다른 이유는 우리가 일, 결혼, 우정, 취미, 물질의 소유 등 궁극적인 의미를 줄 수 없는 것에서 궁극적인 의미를 찾기 때문입니다. 이에 포이멘은 조언합니다.

마음을 충족시켜 주지 못하는 것에 마음을 바치지 마십시오.[11]

일, 결혼, 우정, 취미, 물질의 소유는 모두 그 자체로는 선하고 우리 삶에서 큰 비중을 차지하지만 궁극적인 것은 아닙니다. 우리는 여기서 깊은 자아를 찾을 수 없습니다. 우리는 그런 식으로 창조되지 않기 때문입니다. 아케디아에 빠진 우리 마음을 완전히 만족시켜 주고, 사랑으로 나아가게 해 줄 수 있는 존재는 궁극적으로 우리의 창조주이신 하느님뿐입니다.

허영Vainglory

허영은 타인의 칭찬이나 인정에 집착하는 것, 그러한 칭찬이나 인정을 받기 위해서만 행동하게 만드는 정념을 말합니다. 사막 수도 공동체에서 수도사들은 종종 다른 사람들의 존경을 받기 위해 그들의 시선을 의식하며 고행, 기도, 혹은 신실해 보이는 행동을 하곤 했습니다. 그리고는 이내 자신이 하느님과 이웃을 향한 사랑 대신 이웃의 존경을 삶의 목표

---

11 *The Sayings of the Desert Fathers*, Poemen 80, 178.

로 삼고 있었음을, 허영에 사로잡혔음을 깨닫고 고통스러워했지요.

이 정념은 특히 현대 사회에서 교활하게 기세를 떨치고 있습니다. 현대 사회는 사람들이 자신을 타인에게 판매하는 상품으로 여기도록 부추깁니다. 그래서 남에게 인정받아야, 관심받아야 스스로 가치가 있다고 생각합니다. 성직자나 교사 등 타인에게 대한 섬김을 핵심 정체성으로 하는 이들도 이러한 허영에 빠지기 쉽습니다. 흔히 사람들은 타인을 섬긴다는 자신의 소명에 충실한 것과 일로서 섬김을 잘한다고 남에게 인정받는 것을 혼동합니다. 인정받고자 하는 욕구가 소명을 대체할 때, 그리고 그 욕구가 충족되지 않을 때 사람들은 탈진합니다. 아마도 오늘날 많은 사람이 소진증후군을 겪는 이유는 바로 이 때문일 것입니다. 그 근원에는 허영이 자리 잡고 있는 것입니다. 주변에서 흔히 볼 수 있는 자기기만, 그리고 이 자기기만에서 나오는 말과 삶의 괴리 역시 허영에서 비롯되었다고 할 수 있습니다.

교만

교만은 에바그리우스가 제시한 정념 중 가장 마지막으로 언급한 정념입니다. 교만은 겸손의 반대입니다. 교만은 자신을 주변 사람들과 비교하면서, 주변 사람들을 깎아내리는 방식으로 나타납니다. 현대 사회에서 교만은 시기와 연관이 있습니다. 시기의 본질적인 특성은 자신을 높이 평가하는 것이 아니라 다른 사람을 깔아 내리는 것이기 때문입니다. 교만은 자신이 가장 뛰어나고 옳다는 생각으로 확실히 드러납니다. 교만에 사로잡힌 사람은 주변 사람들이 자기만큼 잘하고 있는지를 보기 위해 주변을 둘러봅니다. 그리고 주변 사람들이 조금이라도 잘못을 저지르면, 그리고 이로 인해 불이익을 받게 되면 만족감을 느낍니다. 교만에 빠진 사람은 자기 만족감을 중심으로 모든 것을 재단합니다. 심지어 누군가의 고통이 자신에게 만족과 유익이 된다면 그것을 가치 있는 것으로 보고, 그렇지 않으면 우주, 심지어 하느님이라 할지라도 가치가 없다고 여깁니다.

교만에 대한 사막 그리스도인들의 생각은 우리가 짐작하는 것보다 훨씬 더 현대적입니다. 그들은 인간의 교만은 자기 주변 모든 것에 닿으며, 모든 것을 오염시킨다고 생각했습니다. 그리고 교만은 사랑의 완벽한 대척점에 있는 공고한 적이며, 교만의 해독제는 오직 겸손뿐이라고 믿었습니다.

결론

우리를 망가뜨리는 건 거대한 정념, 거대한 분노, 거대한 시기, 거대한 혐오가 아닙니다. 초기 그리스도인들은 우리가 오랜 기간에 걸쳐 행하는 사소한 일들이 우리의 인격, 자기 자신, 다른 사람, 하느님과의 관계를 형성한다고 보았습니다. 오늘날 독자들은 사막 그리스도인들의 금언집에 나오는 어떤 이야기, 이를테면 제자가 길에서 자기 것이 아닌 완두 콩을 줍자 압바가 이를 지적하는 이야기를 보고 사소한 일에 지나치게 예민하게 반응한다고 생각할 수도 있습니다. 하지만 압바가 이를 지적한 이유는 그가 예민해서가 아니라 거대한 정념, 겉으로 보기에 통제할 수 없을 정도로 타오르는 정념은 처음부터 그런 상태에서 시작한 것이 아님을 알고 있었기 때문입니다.

모든 정념은 딱히 눈에 띄지 않는 작은 것들, 이를테면 힘든 하루를 보내고 났을 때 주변 사람들에게 보이는 작은 짜증과 무례, 별달리 신경을 쓰지 않던, 혹은 관심 없던 주변의 누군가가 작은 기쁨을 누릴 때 은밀하게 일어나는 질시와 불편함, 누군가가 '나'의 사려 깊지 못한 행동을 지적했을 때, 무례함을 지적했을 때 (그의 지적이 실제로 옳다 할지라도) 상해 버린 기분에서 시작됩니다. 그 사소한 지점, 사소한 잘못, 사소한 실수가 정념을 타오르게 합니다.

이제는 이런 정념들을 극복하기 위한 방법으로 자기 성찰과 기도를 살펴보겠습니다.

V

기도

정념들이 다른 사람과 하느님을 사랑하는 것을 방해하는 적이라면 어떻게 맞서 싸워야 할까요? 사막 그리스도인들은 이를 위해 여러 방식을 사용했지만, 오늘 우리에게 가장 도움이 되는 두 가지 방법은 성찰introspection과 기도입니다.

성찰

성찰이란 자기 내면을 들여다보면서 무엇이 내가 사랑하게 하는지, 혹은 사랑하지 못하게 만드는지 살펴보는 것을 뜻합니다. 성찰을 통해 우리는 자기 내면을 들여다보며 자신에게 상처를 주거나 다른 사람에게 상처를 주는 생각, 감정, 행동이 무엇인지를 깨달아 바꿔야 할 것은 바꾸고, 키워야 할 것은 키웁니다. 성찰은 우리 안에서 여러 움직임이 있음을 인정하고, 우리가 얼마나 복잡한 존재인지를 받아들이는 것을 포함합니다. 사막의 그리스도인들에 따르면 성찰의 목적은 죄책감을 갖거나 무력감에 빠지는 것이 아닙니다.

사막의 그리스도인들은 우리가 표면상 알고 있는 것보다 훨씬 더 자기 자신에 대해 잘 알 수 있다고 생각했습니다. 아무리 정념에 눈이 멀게 되었다 할지라도 우리는 우리 자신의 진실을 볼 수 있습니다. 하지만 우리는 이를 정직하게 보려 하지 않은 채, 일부는 감추고 일부는 부정하는 데 많은 공을 들입니다. 그 결과 자신과 다른 사람 모두에게 분노와 증오심을 표출하게 됩니다.

사막의 그리스도인들은 정념으로 인해 파괴되거나 왜곡되지 않은, 우리 자신과 세상에 대한 진실을 볼 수 있는 우리 내면의 중심을 하느님의 형상으로 여겼습니다. 이 형상은 여러 정념에 의해 덮여 있지만, 가려져 있을 뿐 여전히 그 자리에 존재하기에 우리는 우리 내면을 들여다볼 수 있고, 우리의 진실을 받아들일 수 있고, 현재의 모습으로부터 하느님의 형상으로서의 자신을 향해 나아갈 수 있다고 믿었지요. 그리고 이 형상의 특징은 하느님의 자유, 즉 참된 선택을 할 수 있는 자유를 누리는 것이라 여겼습니다.

하지만 이 자유를 누리기 위해서는 참된 선택이 무엇인지 알아야 합니다. 정념에 사로잡혀 있다면, 정념에 눈이 멀어 그러한 선택의 실마리조차 찾지 못한다면 참된 선택을 내리기란 불가능할 것입니다. 이는 우리가 이를 악물고 자제력을 발휘해 정념을 극복해야 한다는 이야기가 아닙니다. 사막의 그리스도인들은 바울이 이야기했듯 우리가 "내가 원하는 선한 일은 하지 않고, 도리어 원하지 않는 악한 일을"(로마 7:19) 한다는 걸 잘 알고 있었습니다. 우리는 무언가를 알 때도 자기 자신을 속입니다. 이를테면 과식하면 옷이 꽉 낀다는 걸 알면서도 과식을 한 다음 빨래를 해서 옷이 줄었다고 이야기하고, 아이가 무언가 기분이 좋지 않아 짜증을 낸다는 걸 알면서도 아침에는 으레 아이가 그렇다는 식으로 이야기하지요.

정념에서 벗어나기 위해서는 자신의 내면을 들여다보고 무슨 일이 일어나고 있는지를 봐야 합니다. 사막의 그리스도인들은 "너 자신을 알라"는 옛 그리스 금언을 여러 방식으로 되새겼습니다. 포이멘의 말은 그 대표적인 예입니다.

자신에게 무슨 일이 일어났는지 이해하지 못하면 더 나은

방향으로 나아갈 수 없습니다.[1]

다른 사람, 주변 세계와 자신이 어떻게 상호작용하는지를 관찰해봅시다. 자신에게 어떤 정념이 있는지, 교만인지, 우울인지, 아케디아인지, 혹은 또 다른 정념인지 살펴보십시오. 자신이 다른 사람과 세계를 보는 방식에 의문을 품어 보십시오. 그 방식에 어떤 것들이 작용하고 있는지 생각해 보십시오. 당신의 정념을 발견하는 것을 가로막는 장애물이 있다면 그것은 또 무엇인지 기록해 보십시오.

에바그리우스 폰티쿠스는 특정 정념은 일정한 간격으로 나타나는 경향이 있으니, 주님께 이를 밝혀주시기를 구하라고 말했습니다.[2] 삶의 세세한 부분이 정념에 어떻게 휘둘리는지 주의를 기울이라는 것입니다. 이를테면 과민 반응은 수면 부족과 관련이 있을 수 있으며, 식단에 염분이 너무 많아서, 혹은 너무 허기져서 생기는 것일 수 있습니다. 극심한 불안은 자신이 중시하는 과업에 대한 압박감, 혹은 계절에 대한 민감함으로 인해 일어날 수 있으며, 우울은 겨울이 끝날

---

1 *The Sayings of the Desert Fathers*, Poemen 200, 194.

2 Evagrius Ponticus, *The Praktikos: Chapters on Prayer* (Mass.: Cistercian Publications, 1970), 30. 『프락티코스』(분도출판사)

무렵 봄이 다시는 오지 않은 것 같은 느낌이 들 때 생길 수 있습니다. 아케디아는 해야 할 일을 계속 미룰 때 일어날 수 있지요. 이렇게 내면을 살피는 것이 정념에서 벗어나는 첫 번째 걸음입니다. 자기 성찰의 시간을 마련해 자신이 진실로 무엇을 바라는지를 찾아보십시오. 우리 그리스도인은 삶의 여러 상황에서 부정적인 감정이 일어나면 즉각적으로 이를 억누르거나 너무 빨리 기도로 이를 덮으려는 경향이 있습니다. 하지만 이는 우리가 바로 잡아야 할 무언가를 바로 잡지 않고 외면하는 것일 수 있음을 기억해야 합니다. 부정적인 감정, 분노의 정념은 어쩌면 이를 가리키는 신호일 수 있습니다. 이를 진지하게 받아들이지 않으면 분노는 두려움, 혹은 낮은 자존감으로 연결되지요. 이는 어떤 면에서 겸손치 않은 행동입니다. 그럴 때는 단순한 휴식과 고요 가운데 있는 것, 여가 활동, 충분한 수면과 음식을 섭취하는 것이 대안일 수 있습니다.

기록을 남기는 것 외에도 정념을 성찰할 수 있는 또 다른 방법이 있습니다. 앞에서 우리는 고대의 심리학에서 분노를 인간의 삶을 움직이는 동력 중 하나로 보았음을 이야기했습니다. 에바그리우스는 이 분노를 정념에 대항하는 무기로 활용할 수 있다고 이야기합니다. 그는 기도하기 전, 자신에게서 한발 물러나 상상력을 발휘해 정념을 거칠게 꾸짖으라고 권고합니다. 이를테면 이렇게 말입니다. "너는 진짜 내가 아니야. 질투심일 뿐이지." "그래. 내 두려움과 상처는 내 과거로 인해 생긴 것일 수 있어. 하지만 그것들이 나를 지배하도록 내버려 두지 않겠어."

물론 문제의 원인을 안다 해도 그것이 별다른 도움이 되지 않을 때도 있고, 문제의 원인을 끝까지 알아내지 못할 수도 있습니다. 심지어는 자신에게 문제가 있다는 사실조차 깨닫지 못할 수도 있지요. 이럴 때 사막의 그리스도인들은 압바와 암마의 도움을 받았습니다. 스승과 안내자들은 현실에 대한 왜곡된 시각에서 벗어나 사랑을 배우는 과정을 돕는 매우 중요한 존재들이었습니다. 사막 그리스도인들의 금언집에는 압바, 암마가 제자들과 어떻게 교류하는지를 보여주는 이야기가 많이 등장합니다. 다음은 그 대표적인 예입니다.

한 수도사가 압바 포이멘을 찾아와 물었다. "제가 무엇을 해야 합니까?" 포이멘이 대답했다. "'내가 진실로 무엇을 원하는가?'라고 물음을 던지는 사람, 그리하여 자신이 도달하고자 하는 곳을 아는 사람을 찾아가 그와 함께하십시오. 그러면 평화를 얻을 것입니다."[3]

포이멘에게 도움을 청하러 온 수도사는 '무엇을 해야 하는 가'에 온통 관심을 두고 있었기 때문에 무언가를 하면 자신의 문제가 해결될 것이라고 믿었습니다. 압바는 그가 행동이 능사라고 생각하는 함정에 빠져 있음을 알아보았습니다. 그렇기에 자신이 진실로 바라는 것이 무엇인지 질문하는 법을 익혀야만 한다고, 그리하여 목표를 설정할 수 있어야 한다고 조언한 것이지요. 사막의 그리스도인들이 압바나 암마를 찾아 그들과 함께 생활한 것은 사랑으로 나아가기 위해 분투할 때 그 방법을 알고 있는 압바와 암마가 도움을 줄 수 있다고 믿었기 때문입니다. 실제로 그들은 자신의 제자를 이해하고 그가 자기기만을 피하도록 도움을 주었습니다. 물론 그 과정은 결코 녹록지 않았지만 말입니다.

압바 암모에스는 (그의 제자인) 압바 이사야에게 물었다. "당신은 나를 어떻게 생각합니까?" 이사야는 말했다. "스승님, 당신은 천사입니다." 이사야가 암모에스에게 물었다. "스승

---

3 *The Sayings of the Desert Fathers*, Poemen 143, 187.

님은 저를 어떻게 보십니까?" 암모에스는 답했다. "당신은 사탄과 같습니다. 내게 좋은 말을 했지만, 그 말은 내게 칼로 다가옵니다."[4]

암모에스의 성격이 꼬인 걸까요? 그렇지 않습니다. 그보다는 이사야가 자기기만을 뿌리 뽑아야 함을 알려준 것으로 봐야 합니다.

　오늘날 우리 중 이런 압바나 암마가 있는 사람은 거의 없겠지요. 그러나 곤경에 처했을 때, 혹은 그리스도인으로서 성장하려 할 때 우리에게는 우리가 지금 어떻게 생각하고 있는지, 무엇을 느끼고 있는지, 어떻게 행동하고 있는지를 정직하게 바라볼 수 있게 해줄 신뢰할 만한 사람이 필요합니다. 그리고 그리스도인으로서 우리는 서로에게 바로 그런 신뢰할 만한 사람이 되어 주어야 합니다. 압바나 암마는 없지만 그리스도교 공동체를 이루는 구성원으로서 우리는 다양한 방식으로 서로에게 스승이 되어 줄 수 있습니다. 그리고 교회에서 이루어지는 다양한 실천들 역시 우리에게 가르침을 전해줄 수 있습니다. 성서 낭독, 기도문, 설교, 성찬은 우

4　*The Sayings of the Desert Fathers*, Ammoes 2, 30.

리의 자기기만을 꿰뚫고 우리에게 진실을 들려줄 수 있습니다. 시편 46편은 우리를 두려움과 무력감에서 건져 올려줍니다.

> 하느님은 우리의 피난처이시며, 우리의 힘이시며,
>
> 어려운 고비마다 우리 곁에 계시는 구원자이시니,
>
> 땅이 흔들리고 산이 무너져 바다 속으로 빠져 들어도,
>
> 우리는 두려워하지 않는다. (시편 46:1~2)

그리스도인으로서 우리는 누군가에게 이런 친구가 되어 줄 수 있어야 합니다. 분노하며 '나'를 정죄하거나 우월감을 내세우지 않고 '나'의 내면을 볼 수 있도록 도와주는 친구를 찾아야 합니다. 그런 사람을 참된 친구로 대하고, 우리도 그런 참된 친구가 되어야 합니다. 우리에게는 사랑이라는 목표를 공유할 수 있는 친구, 우리가 진실로 갈망하는 것들을 나눌 수 있는 친구가 필요합니다.

물론 그런 친구를 만난다 할지라도 그가 사막 그리스도인들의 압바와 암마 같은 존재가 될 수는 없을 것입니다. 압바와 암마가 사막 그리스도인들에게 그랬듯 자연스럽게 존경심이 일어나는 친구를 만나기란 쉬운 일이 아니겠지요. 아무

리 참된 친구라 할지라도 압바와 암마처럼 '나'에게 엄격한 삶의 방식을 요구할 수는 없을 것입니다. 그러나 진정한 친구라면, 그리고 내가 그 친구를 신뢰한다면 나는 그에게 정직하게 질문할 수 있고, 친구는 그 질문에 정직하게, 그리고 따뜻하게 자신의 생각과 앎을 들려줄 것입니다. 그리고 때로는 (관계가 불편해질 수 있는) 위험을 무릅쓰고 '나'에 관한 진실, 자신이 본 진리를 기꺼이 말해 줄 것입니다. 사막의 그리스도인들은 압바나 암마를 찾아가 "한 말씀만 하소서"라고 청했고, 압바와 암마는 그 순간 그들의 상태와 상황을 보고 그들에게 필요한 대답을 해주었습니다. 우리에게도 이런 친구가 있어야 합니다. 오늘날 우리는 자기를 향한 비판에 지나치게 예민하며, 친밀감을 느끼는 이라 할지라도 '나'를 거스르는 이야기를 하면 그를 오해하거나, 더 나아가서는 배신감을 느끼기도 합니다. 하지만 참된 우정은 그런 위험을 감내하며 서로 내민 손을 붙잡지 않고서는 이루어질 수 없습니다.

대다수 교회에서 서로가 서로에게 이렇게 위험을 감내하는 친구가 되지 못한다는 사실은 안타까운 일입니다. 우리는 기분을 상하게 할 수 있는 이야기를 꺼내기를 주저하고, 비판적으로 들릴 수 있는 이야기를 하기를 꺼리며, 정당한 비판을 두려워합니다. 자기를 내세워 비판해야 한다는 말이 아닙니다(사막의 그리스도인들은 독선적인 비판보다 사람들을 하느님으로부터 멀어지게 하는 것은 없다고 믿었습니다).

하지만 좀 더 중요한 문제가 있습니다. 교회는 종종 "참된 그리스도인은 삶에 아무런 문제도 없다", "주님을 사랑하면 언제나 기뻐해야 한다"는 분위기를 조성하곤 합니다. 이런 분위기는 참된 사랑으로 나아가기 위해 서로에게 진실해야 할 사람들 사이에 진실한 대화가 이루어지는 것을 가로막을 수 있습니다. 사막의 그리스도인들은 정념과 싸우는 것이 인간 조건의 일부이며 우리가 모두 나름의 문제를 겪고 있는 것이 결코 이상한 일이 아니라고 생각했습니다. 살아있는 한 우리는 다양한 문제를 겪으며 때로는 심각한 유혹에 휘말립니다. 이를 극복하기 위해서는 진심으로 도움을 받을 수 있는 친구가 필요합니다. 그리스도인으로서 살아가는 가운데 함께 성장할 친구를 만나기 위해서는 부끄러울지라도 '나'의 필요를 밝힐 수 있는 준비가 되어 있어야 합니다. 다양한 '주류' 개신교회에 속한 신자들은 그리스도인으로서 살아갈 때 일어나는 질문, 어려움, 상처, 실패에 대해 함께 이야기하는 경우가 드물고, 그런 이야기를 나누는 분위기를 잘 조성하지도 않습니다. 어떤 곳에서는 금기시되기까지 하지요. 그러나 이에 대한 거부감과 두려움을 극복하지 않는다면 우리는 서로에게 도움을 줄 수 있는 친구가 되기 어렵습니다. 우리 안에서는 분명 진실한 친구에 대한 갈망, 그런 친구와의 교제에 대한 갈망이 있습니다. 오늘날 상황에서 이런 교제를 추구하면 처음에는 어색하고, 다양한 방식의 불편을 감내해야 할 수 있습니다. 하지만 그런 어색함과 부끄러움, 두려움, 불편은 감내할 만한 가치가 있습니다. 그리스도인이 된다는 것은 결코 '나'와 하느님의 관계에만 집중하는 것이 아니기 때문입니다. 그리스도인으로서 '나'는 그리스도의 몸의 일부이며 그렇기에 그 일부인 나에게는 다른 지체들이 필요합니다.

자신을 깊이 들여다보는 것은 겸손을 몸에 익히는 훈련이라 할 수 있습니다. 이는 단순히 우리가 죄인이라는 사실을 인정하는 것이 아닙니다. 물론 우리는 죄인이며 동시에 여러 면에서 연약한 존재입니다. 하지만 좀 더 중요한 것은 우리 한 사람 한 사람을 창조하신 하느님은 그런 연약함까지를 사랑하신다는 것이며, 그리스도인은 바로 이를 깊이 새겨야 합니다. 이는 우리가 내면을 어떻게 성찰하든, 이를 두고 어떤 대화를 나누든 간에 이와 관련해 '나'를 다른 사람들과 (긍정적인 의미로든 부정적인 의미로든) 차별화된 존재라고 여길 필요가 없음을 뜻합니다. 그런 면에서 겸손을 몸에 익히는 것은 다른 사람들과 나를 비교하는 것을 멈추는 것이기도 합니다. 사막의 그리스도인들도 이에 관해 여러 번 이야기했습니다.

압바 포이멘에 따르면 몇몇 수도사들과 함께 살았던 한 수도사가 압바 베사리온에게 물었다. "제가 무엇을 해야 합니까?" 베사리온은 말했다. "침묵을 지키십시오. 그리고 언제나 자신을 남과 비교하지 마십시오."[5]

겸손을 익힌다는 것은 다른 사람과 견주어 애써 특별한 존재가 되려는 욕망을 내려놓는 것, 다른 사람이 어떤 부분에 있어 나보다 무언가를 더 잘한다 해서 괘념치 않는 것을 뜻합니다. 교만은 결국 상처를 남기지만, 겸손은 두려움을 없앱니다. 우리를 진실로 용감하고 강하게 만드는 것은 겸손입니다.

겸손은 우리가 인내심을 가지고 우리 자신을 살펴볼 수 있게 합니다. 그리고 이를 통해 우리 자신이 어떤 정념, 감정, 태도, 특정 행동에 사로잡혀 있음을 알게 되었다고 해서

---

5 *The Sayings of the Desert Fathers*, Poemen 79, 178.

단번에 거기서 벗어날 수 없음 또한 받아들일 수 있게 해줍니다. 어떤 정념에서 자유로워지기 위해서는 때로 매우 긴 시간이 필요합니다. 겸손은 이를 상기시켜 주며, 그래도 괜찮다고 우리 자신에게 이야기해 줍니다. 사막의 그리스도인들은 모든 정념을 한꺼번에 극복하려 하지 말고 한 번에 하나씩 극복하기 위해 애쓰라고 조언했습니다. 사랑을 몸에 익히는 것은 평생을 필요로 하는 과정입니다.

마지막으로 겸손은 다른 사람의 이야기를 들을 수 있게 해주고, 친구뿐만 아니라 주변, 세상, 나와 친밀하지 않은 이들, 기도와 예배를 통해 들리는 이야기에 지속적으로 귀를 기울이도록 합니다. 겸손은 하느님을 향해 나아갈 수 있게 해주는 모든 것, 우리가 서로 사랑할 수 있게 해주는 모든 것을 받아들이게 합니다. 겸손은 우리 자신과 상대방에게 해를 입히지 않고서도 자신에게, 그리고 상대에게 진리를 전할 수 있는 유일한 태도입니다. 우리는 하느님께서 하시는 정의로운 심판의 대리자가 아닙니다.

기도

그리스도인에게 자기 성찰과 기도는 밀접하게 연결되어 있습니다. 그리스도인에게 성찰의 목적은 성찰 그 자체가 아니라 하느님께서 우리를 바라보시듯 우리 자신에게 관심을 기울이고 들여다보는 것이기 때문입니다. 달리 말하면, 그리스도인에게 자기 성찰은 하느님을 향한 사랑과 이웃을 향한 사랑으로 나아가기 위한 활동입니다. 그리고 이러한 성찰은 우리는 의식하지 못하지만 언제나 하느님 앞에서 이루어집니다. 참된 자기 성찰을 가능케 하시는 분은 우리와 함께하시며 우리 가운데서 활동하시는 하느님이시기 때문입니다. 우리를 향한 그분의 자비와 사랑이 우리가 용기를 내어 우리 자신을 정직하게 들여다볼 수 있게 합니다. 우리가 어떤 상태든 하느님께서 그런 우리를 받아 주신다는 사실, 하느님께서는 우리에게 끊임없이 관심을 기울이고 있다는 사실은 자기 성찰을 통해 발견되는 우리의 모습을 받아들일 수 있게 하고, 또 치유가 필요하다면 하느님께 치유를 청할 수 있게 해줍니다.

우리와 함께하시는 사랑의 하느님은 우리가 내면을 들여다볼 때 우리 자신을 해석하는 일종의 척도, 혹은 빛과 같은 역할을 합니다. 용서하시는 하느님을 통해 우리 내면을 들여다보면, 우리가 우리에게 상처를 입힌 사람을 얼마나 용서하지 못했는지를 알 수 있습니다. 십자가의 고통과 수치를 감내하신 예수 그리스도를 통해 우리 내면을 들여다보면, 우리가 얼마나 두려움에 얽매여 있고 갇혀있는지를, '나'의 안전만을 위해 애쓰고 있는지를 알 수 있습니다. 기도와 성찰은 이렇게 서로 엮여있습니다.

지면상 이 자리에서 4~5세기 사막 그리스도인들이 어떻게 기도했는지를 일일이 소개할 수는 없습니다. 그들의 기도는 매우 다양했습니다. 하느님께서는 각 사람의 필요에 따라 각기 다른 방식으로 계시하신다고 믿었기 때문이지요. 초기 수도사들은 기도드릴 때 시편을 적극적으로 활용했습니다. 어떨 때는 시편으로 기도한 뒤 침묵하기도 했고, 어떨 때는 시편 기도에 자신의 성찰을 덧붙이기도 했습니다. 어떤 이들은 기도를 전쟁과 같은 매우 힘겨운 일로 묘사하기도 했고, 어떤 이들은 유혹에 사로잡힌 가운데 하느님의 도움과 자비를 구하는 부르짖음으로 묘사하기도 했습니다. 어떤 이들은 쉬지 말고 기도하라는 예수의 명령을 진지하게 받아들여 호흡, 심장 박동과 맞추어 기도하는 법을 고안하기도 했습니다. 어떤 이들은 가난한 이들에게 자신의 수입을 기부하고 그들에게 연약한 자신, 기도하기 힘들어하는 자신을 위해 기도해달라고 요청하기도 했습니다. 기도는 우리 한 사람 한 사람과 하느님의 관계를 표현하는 것이기에 그 실천 방식은 사람마다 다를 수 있습니다. 이와 관련해 곱씹어볼 만한 이야기가 하나 있습니다.

> 한 수도사가 어떤 원로에게 물었다. "제가 살려면 어떤 선행을 해야 합니까?" 원로가 대답했다. "하느님께서는 무엇이 선한지를 아십니다. 언젠가 한 사제가 압바 안토니우스의 친구인 압바 니스테루스에게 같은 질문을 던진 적이 있습니다. 그리고 니스테루스는 이렇게 대답했습니다. '어떤 행동이든 상관없습니다. 성서는 아브라함이 손님을 환대하여 하느님이 그와 함께하셨다고 말합니다. 다윗이 겸손하여 하느님이 그와 함께하셨으며, 엘리야는 내적 평화를 사랑하여 하느님이 그와 함께하셨다고 말하고 있습니다. 그러므로 하느님을 따라 영혼이 원하는 대로 행하고 마음을 지키십시오.'"[6]

이를 기억하면서 지금부터는 초기 그리스도인들이 기도에 관해 가르친 바를 살펴보고 오늘날 우리가 그들에게 배울 만한 것이 무엇인지 찾아보려 합니다. 여기에 나오는 모든 것을 활용할 필요는 없습니다. 자신이 할 수 있는 부분은 하고,

---

[6] *The Sayings of the Desert Fathers*, Nisterus 2, 154.

할 수 없는 부분은 다른 사람에게 맡기십시오. 여러분의 기도는 여러분만의 기도이며, 다른 사람의 기도와는 다를 것입니다.

우선 기도를 하려면 겸손한 마음이 필요합니다. 달리 말하면 하느님 앞에서 선해야 한다는, 혹은 거룩한 마음가짐을 가져야 한다는 생각을 내려놓아야 합니다. 기분이 나빠지거나, 산만해지거나, 심각한 유혹을 받을 때, 심지어 그 유혹에 굴복했을 때 기꺼이 기도해야 합니다. 하느님을 신뢰하고 그 모습 그대로 기도해야 합니다. 기도할 때는 우리의 좋은 부분만 드러내 보여서는 안 됩니다. 우리의 나쁜 부분까지를 포함해 지금의 모든 모습으로, 온전한 현재 자신으로 하느님과 관계를 맺어야 합니다. 사랑이 그러하듯, 이런 식으로 하느님과 관계를 맺기 위해서는 오랜 시간이 필요합니다. 성장의 가능성을 믿고 낙심하지 않는 것도 겸손의 실천입니다.

기도, 그리스도인의 근간

기도는 그리스도인의 근간이 되는 활동입니다. 우리가 하느님의 형상대로 창조되었다는 것은 곧 우리가 하느님과 소통한다는 것을 의미합니다. 적잖은 그리스도인이 올바른 기도법과 잘못된 기도법이 있다고 생각하고, 기도를 잘못하면 하느님이 노여워하실 거라 믿으며 기도에 겁을 먹습니다. 하지만 열린 마음으로 드리는 기도란 마치 호흡처럼 자연스러운 행동이라고 말한 신앙의 선배들의 확신을 기억하십시오. 기도는 우리가 하는 일이기 이전에 근본적으로 하느님께서 우리에게 주신 선물입니다. 하느님께서 우리와 함께하시기에 우리는 기도할 수 있으며, 그렇기에 우리와 함께해달라고 하느님께 간청할 필요가 없습니다. 정확히 말해, 우리가 기도를 통해 하느님과 함께하는 것이 아니라, 이미 함께하시는 그분에게 우리를 맞추어 나가는 것입니다. 기도는 우리를 형성하고 변화시킵니다. 기도는 우리를 하느님에게, 또 우리 자신에게 집중하게 합니다. 우리와 함께하시는 하느님께서 우리를 새롭게 하시기에 우리의 기도 역시 변화할 수 있습니다.

자기 성찰과 기도, 그리고 정념을 극복하고 사랑으로 나아가는 길에 관한 지금까지의 논의는 자칫 기도의 주된 이유가 변화에 있는 것처럼 보이게 할 수 있습니다. 그러나 이는 오해의 소지가 있습니다. 기도는 우리를 본래의 우리 자신이 되게 하는 활동입니다. 결혼이 우리를 다른 사람으로 만드는 것이 아니라 자기도 알지 못한 모습을 발견하게 하여 성숙하도록 하는 것처럼, 하느님과 함께하는 활동인 기도 역시 마찬가지입니다. 기도를 통해 하느님께서는 다른 사람이 아닌 바로 우리 자신이 머금고 있는 선의 가능성을 끌어내십니다. 하느님께서는 이를 약속하셨고, 이를 이루십니다. 하지만 그 약속이 아닌 다른 것을 이루기 위해 기도한다면 그 기도는 이루어지지 않을 것입니다. 그런 기도는 오히려 우리 자신이 되는 길을 가로막을 수 있기 때문입니다.

기도를 위한 시편 이해

앞에서도 이야기했지만, 초기 교회에서 기도의 출발점은 시편이었습니다. 그리스도교가 탄생한 이래 시편은 언제나 개인이 드리는 기도, 공동체의 차원에서 예배할 때 드리는 기도의 근간이었습니다. 사막 그리스도인들의 개인 기도와 공동 기도 역시 시편에 바탕을 두고 있었습니다. 때때로 그들은 기도를 준비하는 차원에서 마음을 비우기 위해 바구니를 짜거나 다른 일을 하면서 시편을 낭송하곤 했습니다. 때로는 팔을 뻗어 몸을 십자가 모양을 만들고 시편을 낭송하기도 했습니다.

적잖은 시편에 잔인한 구절, 복수심으로 가득 찬 구절이 있음을 알고 있는 독자라면 신앙의 선배들이 이토록 시편을 소중히 여겼다는 사실에 당혹감을 느낄지도 모르겠습니다.

실제로 어떤 시편에서는 끔찍한 방식으로 적을 궤멸해 달라고 하느님께 요청하고, 어떤 시편에서는 개인의 적이나 국가의 적이 멸망한 것을 두고 기뻐하기도 합니다. 어떤 시편은 물질의 번영에만 관심을 기울이는 것처럼 보이고, 어떤 시편은 악인은 언제나 그 대가를 치른다는 단순한 생각을 반영하는 것처럼 보이기도 합니다. 또 어떤 시편에서는 이스라엘 백성만을 하느님께서 선택하신 것처럼 보이기도 하고, 어떤 시편은 다른 민족들에게도 이스라엘의 하느님만큼은 강력하지 않지만 그들만의 진짜 신이 있다고 이야기하는 것처럼 보이기도 하지요. 오늘날 그리스도인들에게 이런 내용들은 그리 유의미해 보이지 않으며 적잖이 당혹스럽게 느껴질 수 있습니다.

오늘날 성서학의 발전은 왜 이런 내용이 시편에 담겨 있는지를 이해하는 데 어느 정도 도움을 줍니다. 학자들은 구약성서가 천 년이 넘는 시간에 걸쳐 형성되었음을 밝혀냈습니다. 그들에 따르면 구약성서에는 출애굽기에 나오는 미리암의 노래처럼 본래 구전으로 내려온 부분도 있고, 이스라엘 백성이 광야에서 방랑하던 시절부터 전해 내려온 부분도 있습니다. 사무엘하의 핵심 부분처럼 이스라엘이 국가였을 때부터 문서 형태로 있었던 것도 있습니다. 바빌로니아 유수 시절에 나온 부분도 있고, 신약 시대에서 그리 멀지 않은 시기에 나온 부분도 있습니다. 이렇게 각 부분을 분류해 보면 수 세기에 걸쳐 이스라엘 백성의 삶이 끊임없이 변화했듯 하느님과 하느님의 활동 방식에 대한 이해도 변화하고 발전했음을, 그리고 이 모든 것이 시편을 비롯한 성서 본문에 반영되었음을 알 수 있습니다. 오늘날 대다수 성서학자는 고대 히브리인들이 수 세기에 걸쳐 하느님을 여러 신 중 가장 위대한 신으로 보았다가 점차 모든 사람을 사랑하고 구원하시는 유일한 하느님으로 보게 되었다고, 즉 신 개념이 점진적으로 발전했다고 이야기합니다.

그러나 4세기 신앙의 선배들은 이러한 점진적 계시를 믿지 않았습니다. 그들에게 아브라함과 사라가 알았던 하느님은 원수가 낳은 아기 머리를 바위에 쳐서 죽여 달라고 간구한 시편 저자의 하느님과 동일한 분이셨습니다. 그들에게 하느님은 언제나 한결같으시고, 신뢰할 수 있는 사랑의 주님이셨습니다. 모순처럼 보이든, 불일치하는 내용이 있든, 성서에서 하느님에게 부여한 합당치 않은 속성이 무엇이든, 신앙의 영웅이나 여성이 비윤리적이고 의심스러운 행동을 보여주든, 그 아래는 하느님에 대한 믿음이 자리하고 있다고 그들은 믿었습니다. 그들은 예수 그리스도 안에서, 예수 그리스도를 통해 계시된 하느님과 모순되는 불쾌하거나 당혹스러운 구절을 접할 때마다 성서가 표면적인 문자 아래 더 깊은 의미를 보도록 가리키고 있다고 생각했습니다. 이러한 맥락에서 초기 그리스도인들에게 성서의 모든 내용은 참이었으며, 유의미했습니다.

그들은 성서의 난해한 부분을 이해하기 위해서는 성서를 우의적으로 읽어야 한다고 믿었습니다. 그리고 이는 오랜 기간 전통적인 주요 성서 해석 방법 중 하나였습니다. 앞서 언급한 원수가 낳은 아기 머리를 바위에 쳐서 죽여 달라고 간구한 시편 구절을 두고 초기 그리스도인들은 하느님께서는 아기 머리를 바위에 쳐 죽이기를 원치 않는 분이시기에 아기와 바위는 그리스도인이 어떻게 살아야 하는지를 보여주는 우의라고, 하느님의 선물인 그리스도의 약속을 포함하는 장차 이루어질 하느님의 약속에 대한 은유라고 생각했습니다. 우의적인 성서 읽기를 발전시킨 알렉산드리아의 오리게네스는 시편 저자가 하느님께 원수의 아기 머리를 쳐달라고 간구했을 때 그가 진실로 바랐던 것은 시편 저자 자신에게서 일어나는 정념들을 없애달라는 것이었다고 설명한 바 있습니다. 시편을 활용해 기도할 때 우리는 이러한 제안을 적극적으로 고려해보아야 합니다.

물론 이를 두고 어떤 현대 독자들은 물을 것입니다. '그건 단순히 우리 마음대로 성서를 읽는 것이 아닌가요?' 하지만 이는 간단히 답할 수 있는 것이 아닙니다. 분명, 오리게네스를 포함해 우의적인 성서 읽기를 택한 초기 그리스도인들은 성서 본문의 원저자가 의도한 대로 본문을 읽지 않았습니다. 다시 한번, 성서는 오랜 기간에 걸쳐 신앙의 선배들이 쌓아온 신앙의 보고이며 역사적 차원에서 이를 통해 그들의 신앙이 발전하고 변화했음을 볼 수 있습니다. 우리가 기도할 때 우리의 시대, 우리의 자리에서 기도하듯 성서 저자들, 성서 본문을 모은 이들도 그들의 시대, 그들의 자리에 있던 이들이었습니다. 오리게네스의 해석과는 별개로 시편 137편을 쓴 사람은 하느님께 자신의 원수가 낳은 아기를 죽여 달라고 기도했을 것이고, 자신의 정념의 뿌리를 죽여 달라고 기도하지는 않았을 것입니다. 하지만 성서는 그런 역사적 문헌임과 동시에 진실로 하느님 백성의 책입니다. 성서가 예배를 위한 경전이며 또 하느님 안에서 성장하는 삶을 위한 책이라는 교회의 오래된 주장에는 심오한 진리가 담겨 있습니다. 즉, 성서에는 하느님과 우리 자신에 관한 진리를 드러내는 능력이 담겨 있으며, 종종 그 진리와 의미는 본문의 저자가 의도했던 것보다 훨씬 더 클 수 있고, 다를 수 있습니다.

성서를 자의적으로 읽는 것을 견제하기 위해 초기 교회는 성서에 대한 우의적인 읽기는 언제나 공동체 안에서 이루어져야 한다고 했습니다. 성령은 우리 한 사람 한 사람 가운데서 활동하셔서 성서를 더 깊이 이해하도록 도우십니다. 성서가 한 분 하느님을 드러내듯, 우리 가운데 활동하시는 성령도 한 분 하느님이십니다. 근본적인 차원에서 그분은 우리가 사랑의 삶을 살도록 인도하십니다. 그리스도교 공동체에서도 어떤 사람은 하느님을 심판자로, 어떤 사람은 하느님을 연인으로 경험할 수 있으며 성서에 나오는 하느님은 이 모든 심상을 아우릅니다. 그러나 하느님을 심판자로 경험한 사람이 하느님께서 자신에게 음주 운전자의 집에 불을 질러서 하느님의 정의를 실현하라 하셨다고 증언한다면, 이는 개인의 차원에서 경험한 하느님, 교회가 증언하는 하느님 사이에 심각한 불일치가 일어났다고 볼 수 있습니다. 그리스도교에서 고백하는 하느님은 자기를 대신해 누군가에게 당신의 심판을 집행하라고 명령하지 않으십니다. 교회는 일관되게 누군가를 심판하고 정죄하는 자리는 우리의 자리가 아니라고 증언했습니다.

성서를 해석할 때 '개인'의 진실한 마음과 성서만 있으면 된다고 배운 개신교 신자들에게 이런 이야기는 당혹스럽게 들릴지도 모르겠습니다. 그러나 성서는 교회의 책이며, 그리스도교 공동체는 우리가 성서를 해석하는 주된 배경입니다. 신자 개인과 하느님으로만 구성된 그리스도교는 존재하지 않습니다. 우리는 개인적으로 성서를 읽는 방식에서 벗어나 공동체와 더불어 읽는 방식을 익힐 필요가 있습니다. 그때 교회, 공동체는 은총의 통로가 됩니다.

시편의 기도들이 나와 내가 속한 공동체를 대변하는 기도가 되도록, 그리고 나와 우리를 향한 기도가 되도록 허용할 때, 초기 그리스도인들에게 그러했듯 시편은 우리의 기도 생활에서 중요한 위치를 차지할 수 있습니다. 개신교 신자들은 기도할 때 자기 마음에서 우러나는 기도만이 진정한 기도라고 생각하는 경우가 많은데, 오히려 이 때문에 기도가 빈곤해질 수 있습니다. 기도하려 할 때 피곤하거나, 사기가 떨어지거나, 주의가 산만해질 수 있기 때문입니다. 때로는 어떻게 기도해야 할지, 무얼 기도해야 할지 몰라 막막할 때도 있습니다. 하지만 신앙의 선배들은 나 혼자만의 기도는 없음을 알고 있었습니다. 그리스도교에서 기도는 아무리 사적인 기도라 할지라도 언제나 교회의 기도이며 하느님의 선물입니다. 시편은 교회의 위대한 기도에 속하며, 시편을 빌려 기도할 때 그 기도는 내 마음에서 우러나는 기도이자 참된 우리의 기도입니다. 시편은 그리스도의 몸인 교회의 기도이며 '나'는 그 몸의 일부이기 때문입니다. 우리에게는 공동체로서 '나'와 함께하는, 공동체의 일원으로서 나를 형성하는, 내가 누구이며 하느님이 어떤 분이신지 좀 더 깊은 차원에서 가르쳐주는 시편이 필요합니다.

개인 기도와 시편

그렇다면 혼자 기도할 때 시편을 어떻게 활용할 수 있을까요? 사막의 그리스도인들은 시편을 순서대로 읽었지만, 우리는 교회력에 따라 시편을 분류하여 좀 더 쉽게 활용할 수 있습니다. 현대 많은 그리스도교 교파에서는 시편을 활용한 매일 기도서를 펴내고 있으며 우리는 이를 필요에 따라 사용할 수 있습니다. 기도서가 없다면 성서에 나오는 순서를 따라 시편 하나, 혹은 그 내용 중 일부를 가지고 기도를 시작하고 끝낼 수 있습니다.

사막 그리스도인들이 그랬듯, 한 번에 한 줄씩 천천히 낭송하는 것도 좋은 방법입니다. 낭송하면서 어떤 심상이 떠오르는지 생각해 보십시오. 오리게네스는 한 심상이 떠오른다면 잠시 멈추어 그 심상을 깊이 성찰해보는 것도 좋은 방법이라고 말했습니다. 서두르지 않아도 좋습니다. 기도는 식사를 마치고 나면 곧바로 끝내야 할 설거지가 아닙니다. 어떤 시편은 특별한 방식으로 되새길 수 있습니다. 이를테면 시편 126편을 들 수 있습니다.

> 주님께서 시온에서 잡혀간 포로를
>
> 시온으로 돌려보내실 때에,
>
> 우리는 꿈을 꾸는 사람들 같았다.
>
> 그때에 우리의 입은 웃음으로 가득 찼고,
>
> 우리의 혀는 찬양의 함성으로 가득 찼다.
>
> 그때에 다른 나라 백성들도 말하였다.
>
> "주님께서 그들의 편이 되셔서 큰 일을 하셨다."
>
> 주님께서 우리 편이 되시어 큰 일을 하셨을 때에,
>
> 우리는 얼마나 기뻤던가!
>
> 주님, 네겝의 시내들에 다시 물이 흐르듯이
>
> 포로로 잡혀간 자들을 돌려보내 주십시오.
>
> 눈물을 흘리며 씨를 뿌리는 사람은 기쁨으로 거둔다.
>
> 울며 씨를 뿌리러 나가는 사람은
>
> 기쁨으로 단을 가지고 돌아온다.

본래 이 시편은 이스라엘 백성의 바벨론 포로기가 끝났을 때에 관한 노래였습니다. 이 노래에서 시편 저자는 포로로 잡혀 있을 때 하느님께서 어떻게 자신들을 구하셨는지를 회상하고 새로운 구원을 간구하며, 하느님께서 이루실 새로운 구원이 성취될 미래를 상상합니다. 이 시편을 우리의 기도로 만들 수 있는 방법은 여러 가지가 있습니다. 우선 외적이든 내적이든 '나'를 옭아맸던 속박에서 벗어났을 때, 절망이나 분노에서 벗어났을 때를 기억하며 하느님께 감사를 드릴 수 있습니다. 또한, 우울이나 탐욕, 교만, 분노, 두려움 등 현재 자신을 옭아매고 있는 것들에 대해 성찰해 볼 수도 있습니다. 지금 그러한 정념들과의 투쟁은 "눈물을 흘리며 씨를 뿌리"는 것과 같지만, 결국에는 이를 넘어설 수 있을 뿐만 아니라 이로부터 유익을 얻을 수 있다는 하느님의 약속을 되새길 수 있지요. 혹은 우리 안에서 알게 모르게 일어나는 부정적인 목소리('안 될 거야', '넌 너무 말이 많아', '여성은 남성이 하는 일을 할 수 없어')들이 우리를 얼마나 옥죄는지를 생각해 볼 수도 있습니다. 추위나 굶주림, 전쟁과 같은 거대한 사회적 속박에 대해서도 생각해 볼 수 있을 것입니다. 이때 시편과 함께 "포로로 잡혀간 자들을 돌려보내 주십시오"라는 간구는 우리가 살아가는 세상을 위해 모든 그리스도교 구성원들과 함께 드리는 기도가 될 수 있을 것입니다.

주의해야 할 점이 있습니다. 시편을 가지고 기도하는 동안 어떤 심상이 떠오를 때, 우리는 즉각적으로 그 심상을 가지고 구절을 분석하거나 어떤 논리적 결론을 도출하고픈 유혹을 받을 수 있습니다. 혹은 즉각적으로 자신에게 적용해 자신의 감정을 분출하고픈 충동을 느낄 수도 있습니다. 하지만 그러한 충동에 굴복하지 마십시오. 기도 중에 그런 일을 하는 것은 하느님과의 대화를 멈추는 것과 같습니다. 심상이 떠오르면 일단 그 심상이 여러분의 마음에 말을 걸도록 충분한 시간을 두십시오. 집안일을 하거나 커피 한 잔을 마시면서 자기 성찰을 해보는 것도 좋습니다. 일정한 시간이 지나고 생각이 떠오르면 이를 기록해 보십시오. 시편과 함께 기도할 때는 하느님 곁에 충분히 머물러야 합니다. 떠오르는 것들이 있다면 그냥 떠오르게 내버려 두십시오. 필요하다면 잠시 멈추고 다음 줄을 읽을 때까지 가만히 앉아 있으십시오. 기도는 분석이 아니라 하느님께서 주신 선물이고 하느님과 나누는 대화임을 기억하십시오. 이런 식으로 기도를 하다보면 시편을 포함한 성서가 하느님과 우리 자신, 그리고 다른 사람들의 새로운 면모를 만날 수 있게 해주는 계시의 터임을 좀 더 깊게 깨달을 수 있을 것입니다.

긍정의 기도와 부정의 기도

5세기 말 혹은 6세기 초, 서방 교회와 동방 교회의 기도와 신학에 커다란 영향을 미친 익명의 신학자가 살았습니다. 그는 아레오파고스의 디오니시우스Dionysius the Areopagite라는 이름으로 작품을 남겼지만, 그의 실제 이름은 알지 못하므로 여기서는 그를 디오니시우스라고 하겠습니다.

디오니시우스는 기원후 2~3세기까지 거슬러 올라가는 오래된 전통, 우리가 지금까지 만난 니사의 그레고리우스나 에바그리우스 폰티쿠스를 통해 크게 번성했던 신학과 실천의 영향 가운데 글을 쓰고 이를 명확히 했습니다. 이 전통에서는 하느님을 알고 경험하는 방법을 크게 둘로 나눕니다.

첫 번째 방법은 성서, 전통, 예배를 통해 하느님께서 세상에, 그리고 당신의 백성 가운데 어떻게 활동하시는지를 배워가며 점점 그분을 향해 다가가는 방법입니다. 전통에서는 이를 긍정의 길, 혹은 긍정의 기도kataphatic prayer라 불렀으며 니사의 그레고리우스는 "하느님을 이름으로 부르는 것", 혹은 "피조물을 통해 하느님을 알아가는 것"이라고 말했습니다.

두 번째 방법은 하느님과 함께하는 데 방해가 되는 앎, 방식을 발견하고 이들을 제쳐두는 법을 익힘으로써 하느님을 만나는 방법입니다. 전통은 이를 부정의 길, 부정의 기도

apophatic prayer, 혹은 "무지의 길"the way of unknowing이라고 부릅니다. 어떤 초기 그리스도교 저술가들은 종종 첫 번째 기도가 두 번째 기도의 전주곡인 것처럼, 혹은 두 가지 기도가 서로 대립하는 것처럼 이야기하기도 했습니다. 하지만 두 기도는 우열을 가릴 수 없습니다. 두 기도 모두 필수적이며 서로 밀접하게 연관되어 있습니다.

긍정의 기도

그렇다면 왜 니사의 그레고리우스는 긍정의 기도를 "하느님의 이름을 부르는 것"이라고 했을까요? 두 가지 뜻이 있습니다. 하느님의 이름을 부르는 것은 성서에 나오는 하느님의 이름이나 모습을 묵상하면서 그 이름과 모습이 우리에게 가진 의미를 성찰한다는 뜻이며, 또 하느님의 형상이자 하느님의 자녀인 우리가 하느님을 향해 나아감으로써 하느님의 이름과 모습을 우리의 것으로 만드는 법을 묵상한다는 의미입니다. 언뜻 보기에 이는 추운 날, 별다른 일이 없을 때 책상에 앉아 할 수 있는 단순한 일처럼 보입니다. 두 개의 목록을 만든 다음 한쪽에는 성서에 나오는 하느님의 이름을 적고, 한쪽에는 그 이름과 관련된 인간의 특성을 적으면 될 것 같다고 생각할 수 있습니다. 그러나 이는 그레고리우스가 의도한 바가 아닙니다. 사랑이 그러하듯 하느님의 이름과 그 이름이 우리에게 미치는 영향을 배우는 것은 평생에 걸친 일입니다. 여기에는 체계적인 분석도 포함되지만, 분석은 핵심이 아닙니다. 하느님의 이름을 익히는 일은 우리 자신의 정념과 하느님, 세상, 우리 자신에 대한 왜곡, 그리고 자기기만을 밝혀내어 그때까지 한 번도 본 적 없는 하느님과 세상, 그리고 우리 자신의 면모를 발견하는 것을 말합니다. 그 때문에 이 과정은 고통스럽기도 하고, 또 경이롭기도 합니다.

그리스도인은 기도할 때 하느님의 이름을 부릅니다. 아버지, 전능하신 분, 주님, 지혜로우신 분 등으로 말이지요. 이런 이름을 부를 때 우리는 하느님이 어떤 분인지에 대한 심상을 떠올립니다. 이 심상 중 어떤 심상은 매우 친밀하게 다가오기도 하고, 어떤 심상은 딱히 다가오지 않은 채 관습으로만 여겨질 때도 있습니다. 적잖은 신자들은 하느님을 단순한 방식으로 믿기를 원합니다. 교회 예배에 꼬박꼬박 참여하고, 성서를 자주 읽고, 신앙과 관련된 질문도 틈틈이 생각해 보면, 내가 믿는 바를 어느 정도 알고 이에 대해 결단을 내렸기에 그걸로 충분하다고 생각하는 경향이 있지요. 하지만 하느님을 믿는 것은 결코 간단하지 않습니다. 물론 우리는 신앙생활을 하면서 여러 선택을 할 수 있지만, 하느님에 대해 믿는 것 중 많은 부분을 실제로는 의식하지 못할 수 있습니다. 하느님에 대한 우리의 이해, 하느님과 만나는 방식은 나 혼자만의 생각과 선택이 아닌, 내가 읽고 들은 것, 내가 경험한 것, 부모를 포함해 나와 만난 이들의 영향을 받기 때문입니다. 이들과의 관계는 하느님에 대한 '나'의 심상과 이해에 분명한 영향을 미칩니다. 이들은 나를 돌보고, 그들 나름의 방법으로 나를 사랑했으며, 나의 여러 모습을 보았고, 때로는 나에게 자신의 권위를 행사했습니다. 이들은 종종 '나'가 이해할 수 없는 대화를 나누었으며, 내가 알지 못하는 지식을 가졌고, 내가 미처 익히지 못한 예의를 갖추어 도덕 법칙에 따라 작동하는 성인 세계에서 살았습니다. 내가 착한 행동을 하면 기뻐하고, 나쁜 행동을 하면 타이르거나 불편해했습니다. 그렇기에 하늘에 계신 아버지께서 '나'의 모든 것을 아시고 나의 선한 모습에 기뻐하시고, 나의 나쁜 모습에 분노하시며 순종을 요구하신다는 이야기를 들으면 '나'는 내 의도와 무관하게 '나'와 부모님의 관계에 기대어 이를 이해했을 것입니다. 이처럼 우리가 성인이 된 뒤 의식적으로 알게 된 하느님에 관한 지식은 어린 시절 우리 안에서 형성되어 우리 내면 깊은 곳에서 작동하고 있는 하느님 이해와 전혀 다를 수 있습니다. 누군가 하느님을 사랑의 하느님으로 믿는다고 해봅시다. 그는 자신이 이를 확신한다고 말하고, 하느님이 자신을 사랑하신다는 사실을 알고 있다고 이야기합니다. 그럼에도 불구하고 그는 언제나 자신이 평가당하고 있다는 느낌, 무엇을 하든 충분히 잘하지 못하고 있다는 느낌을 받습니다. 그리고 좀 더 깊은 차원에서는 자신이 삶에서 더 많은 것을 성취했다면 하느님이 자신을 더 사랑하셨을 것이라고 믿습니다. 또 다른 예를 들어볼까요. 어떤 여성은 성서, 신학, 개인의 경험을 바탕으로 하느님 앞에서 남성과 여성은 평등하다고 확신하며 좋은 직장을 다니고 있고, 사랑하는 남편과 행복한 가정을 이루고 살고 있습니다. 하지만 동시에 그녀는 자신이 진심으로 좋아하는 일을 하지 않고 있다는 생각, 가족에 쏟아야 할 시간과 힘을 앗아가는 직업을 갖고 있다는 생각에 괴로워합니다. 그녀는 괴롭히는 자기 의심은 그녀가 마땅히 해야 할 일을 잘하고 있다고 생각하는 가족 구성원들을 당황스럽게 합니다.

두 경우 모두 머리로 생각하는 것, 그리고 마음 깊은 곳에서 믿는 것이 싸우고 있습니다. 첫 번째 남성은 매우 비판적인 부모 아래서 자랐습니다. 부모는 그가 하는 모든 일에 거의 만족하지 않았습니다. 그 영향 아래 그는 자신이 하는 일에 만족하지 않는 것이 자신을 해친다는 것을 알면서도 그러한 생각에서 손쉽게 벗어나지 못합니다. 그가 머리로 이해하고 있는 하느님은 자신을 있는 그대로 받아 주시지만, 그의 마음에 머물러 있는 신은 부모보다 훨씬 더 차갑게 자신을 질타합니다. 여전히 이 신을 끌어내지 못한 것이지요. 두 번째 여성은 부모와 할머니 아래 자라면서 하느님께서 선한 사람들을 사랑하신다고 배웠습니다. 부모가 명시적으로 이야기하지는 않았지만, 그녀는 자기도 모르게 가족을 위해 자신을 희생하는 것은 선한 일이며, 선한 여성은 남편, 자녀와 떨어져서는 안 되고, 그렇게 하면 온 가족이 비참해진다는 생각을 갖게 되었습니다. 이런 상황에서는 그녀가 머리로 무엇을 알고 있든, 그녀 마음에 잠혀 있는 여성상, 오랜 시간에 걸쳐 형성된, 하느님께서 선한 여성을 기뻐하신다는 그녀의 신념을 바꾸기란 매우 어렵습니다. 단지 수 세기 동안 그리스도교 전통에서 다양한 방식으로 여성을 남성에 비해 열등하거나 부차적인 위치에 놓았다는 사실을 아는 것은 이 내적 투쟁을 해결하는 데 별다른 도움이 되지 않습니다.

첫 번째 남성, 두 번째 여성, 그리고 우리 대부분은 바울의 딜레마, 즉 머리로 믿는 것을 마음으로 믿지 못하고, 머리로 믿고 싶지 않은 것을 마음으로 믿는 딜레마에 빠져 있습니다. 우리는 하느님께 이런 우리를 받아주시고 자존감을 세워 주시기를 간구할 수 있지만, 하느님께서 우리의 완벽한 모습만을 받아주신다고 여전히 믿고 있다면, 우리의 기도는 오히려 우리를 우울과 절망이라는 정념으로 이끌거나 자기기만에 빠지게 할 뿐입니다. 그렇다면 어떻게 해야 머리와 마음이 하나로 모이는 자유를 누릴 수 있을까요? 우리도 의식하지 못하는 마음의 문제를 들여다보고, 그 마음에 새로운 활력을 불어넣을 수 있을까요?

우리는 모두 이런 문제를 안고 기도합니다. 우리는 하느님이 어떤 분이신지 안다고 생각하지만, 실제로는 우리가 믿는 많은 것이 우리의 기도와 삶을 가로막고 있습니다. 우리가 성공을 거둘 때만 우리에게 관심이 있는 것처럼 보이는 신, 우리를 창조한 뒤 성별, 인종, 계급에 따라 우리를 차별하는 것처럼 보이는 신과 함께 시간을 보내고 싶은 사람은 없을 것입니다. 하지만 우리는 기도하는 가운데 그런 식으로 하느님을 이해해버리고는 우리 자신을 옭아맵니다. 이 함정과 굴레에서 벗어나기 위해서는 하느님을 새로운 이름으로 부르는 법을 익혀야 합니다. 하느님의 이름을 익히는 한 가지 방법은 에바그리우스 폰티쿠스의 제안처럼 자기를 성찰하는 가운데 일어나는 질문들을 그리스도께서 설명해주시기를 간구하는 것입니다. '왜 나는 언제나 화를 내는가?' '왜 가까운 사람들이 나를 고통스럽게 하는가?' '왜 나는 다른 사람을 시기하는 마음에서 벗어나지 못하는가?' '왜 나는 지금 이 순간 비참하다는 느낌이 드는가?' 내면을 바라보면서 서서히 일어나는 물음들을 가지고 기도를 드리십시오. 하느님께 할 말이 많다면 멈추지 말고 계속 이야기하십시오. 내가 얼마나 화가 났는지, 얼마나 상처받았는지 그분께 말해봅시다. 기도를 위해 따로 준비한 내용을 말하거나 의도적으로 좋은 생각을 하기보다는 그분 앞에서 많은 시간을 보내보십시오. 사랑하는 사람, 염려되는 사람, 해야 할 집안일, 저녁 식사에 관한 생각이 계속 떠오를 것입니다. 이런 생각들을 애써 밀어내려 하지 마십시오. 그 생각들은 실제로 '나'를 이루고 있기에, 그 모습 전체를 가지고 하느님 앞에 나아가야 합니다. 동시에 그런 생각들에 따로 관심을 기울이지 말고 그냥 내버려 두십시오. 이를 두고 에바그리우스는 말했습니다.

기도에 온전히 집중하십시오. 기도하는 동안 일어나는 격정과 생각들에 신경을 쓰지 마십시오. 신경을 쓰는 순간 그것들은 하느님과의 당신의 대화를 방해하고 당신을 자극합니다. 그것만큼 기도의 본래 목적을 무너뜨릴 수 있는 것은

없습니다.[7]

시간이 지나면 종종 새로운 심상, '나'의 마음 깊은 곳에 있는
나를 보는 새로운 방법을 발견할 수 있을 것입니다. 그러면
기도하는 시간 외 다른 시간에 이를 두고 생각해 볼 수도 있
겠지요. 정기적으로 이런 훈련을 해보면 질문에 대한 새로운
관점을 얻을 수 있을 뿐만 아니라 하느님의 새로운 면모도
마주하게 될 것입니다.

　지금까지 이야기한 것과 시편을 활용한 기도를 연결한다
면 "하느님의 이름을 부르는 것"의 참된 의미를 새길 수 있
을 것입니다. 앞에서 저는 하느님을 마주하고 조용히 기도하
는 마음으로 시편을 찬찬히 살펴보라고 이야기했습니다. 이
때는 시편 내용을 샅샅이 분석해서는 안 됩니다. 대신 기도
의 자리에 하느님이 함께하심을 신뢰하고 그 자리에 머물러
말씀을 들으려고 하십시오. 시편 139편이 노래하듯 "내가 하
늘로 올라가더라도 주님께서는 거기에 계시고, 스올에다 자
리를 펴더라도 주님은 거기에 계심"을 신뢰하십시오. 현대
인인 우리는 너무나도 자주 시편에 등장하는 하느님과 하느

7　*The Praktikos: Chapters on Prayer*, Prayer 9, , 37.

님 백성의 모습을 머리로 이해하려 애씁니다. 그보다는 우리의 의식에 있지 않던 심상과 상상이 우리 안에서 일어나기를 기다리십시오. 억지로 그런 일이 일어나게 할 수는 없지만, 적어도 시편을 묵상하며 기다릴 수는 있습니다. 그런 일이 일어나지 않는다 할지라도 하느님께서 우리 곁에 계심을 신뢰한다면, 기도하며 기다리는 것이 그 자체로 선하다는 것을 기억한다면 조급해하지 않을 수 있습니다. 어느 순간, 심상과 상상이 일어나고 그것들이 우리 안에서 펼쳐질 수 있도록 나를 내려놓는다면, 우리는 하느님과 하느님의 뜻을 이전과는 다른 방식으로 경험할 수 있습니다. 그때 우리는 하느님이 어떤 분인지를 좀 더 깊이 알 수 있고, 완고했던 마음을 바꾸어 새로운 이름으로 하느님을 부를 수 있습니다.

언젠가 제 친구는 시편 91편을 묵상하며 기도를 한 적이 있습니다.

가장 높으신 분의 보호를 받으면서 사는 너는,
전능하신 분의 그늘 아래 머무를 것이다.
나는 주님께 "주님은 나의 피난처, 나의 요새,
내가 의지할 하느님"이라고 말하겠다.
정녕, 주님은 너를, 사냥꾼의 덫에서 빼내 주시고,

죽을병에서 너를 건져 주실 것이다.

주님이 그의 깃으로 너를 덮어 주시고

너도 그의 날개 아래로 피할 것이니,

주님의 진실하심이 너를 지켜 주는

방패와 갑옷이 될 것이다.

그러므로 너는 밤에 찾아드는 공포를 두려워하지 않고,

낮에 날아드는 화살을 무서워하지 않을 것이다.

흑암을 틈타서 퍼지는 염병과

백주에 덮치는 재앙도 두려워하지 말아라.

네 왼쪽에서 천 명이 넘어지고,

네 오른쪽에서 만 명이 쓰러져도,

네게는 재앙이 가까이 오지 못할 것이다.

오직 너는 너의 눈으로 자세히 볼 것이니,

악인들이 보응을 받는 것을 보게 될 것이다.

네가 주님을 네 피난처로 삼았으니,

가장 높으신 분을 너의 거처로 삼았으니,

네게는 어떤 불행도 찾아오지 않을 것이다.

네 장막에는, 어떤 재앙도 가까이하지 못할 것이다.

그가 천사들에게 명하셔서

네가 가는 길마다 너를 지키게 하실 것이니,

너의 발이 돌부리에 부딪히지 않게

천사들이 그들의 손으로 너를 붙들어 줄 것이다.

네가 사자와 독사를 짓밟고 다니며,

사자 새끼와 살모사를 짓이기고 다닐 것이다.

(하느님께서 말씀하신다.)

"그가 나를 간절히 사랑하니, 내가 그를 건져 주겠다.

그가 나의 이름을 알고 있으니, 내가 그를 높여 주겠다.

그가 나를 부를 때에, 내가 응답하고,

그가 고난을 받을 때에, 내가 그와 함께 있겠다.

내가 그를 건져 주고, 그를 영화롭게 하겠다.

내가 그를 만족할 만큼 오래 살도록 하고

내 구원을 그에게 보여주겠다."

이를 묵상하며 기도하던 그녀는 거대한 어미 독수리가 자신의 날개로 아기 새를 보호하는 심상에 사로잡혔습니다. 그리고 자신을 사냥꾼에 의해 겁에 질린 채 어미에게 기댄 아기 새라고 느꼈습니다. 이 모든 심상과 그에 따른 느낌은 모두 그녀에게 너무나도 낯설고 새로웠습니다. 그녀는 지독한 완벽주의자였고, 그녀의 방식으로만 하느님을 경험하고자 했습니다. 물론 친구도 머리로는 하느님께서 당신의 자녀를 있는 그대로 사랑하심을 알고 있었지만, 마음으로는 이를 느끼지 못했고, 자신이 약해 보이거나, 무능력해 보이거나, 무언가를 두려워한다는 것을 알게 되면 자괴감에 빠지곤 했습니다. 물론 이런 심상이 떠올랐다고 해서 친구의 삶, 하느님과 자신에 대한 이해가 순식간에 바뀌지는 않았습니다(앞에서도 이야기했지만 기도가 그런 식으로 작용하는 경우는 거의 없습니다). 기도를 드리고 나서 친구는 자신의 성장기가 어땠는지, 어린 시절 감정과 행동, 그리고 지금 자녀를 키우는 어머니로서 자신의 감정과 행동을 돌아보기 시작했습니다. 어린 시절, 가족들이 약자를 은연중에 경멸하고 동정심으로만 대하던 모습이 떠올랐습니다. 그런 가족들의 태도를 하느님 탓으로 돌렸던 자신의 모습이 떠올랐습니다. 이어 자신이 아이를 안고 있는 모습, 그리고 이 아이가 어떻게 되든, 무엇을 하든 그를 사랑할 것임을, 아이는 자신을 필요로 하는 연약한 존재이기에 더 그러할 것이라 다짐했던 모습이 떠올랐습니다. 그렇게 하느님께서 자신이 누군가의 어머니가 되는 것을 허락하셨음을 생각하게 되었고, 자신을 향한 하느님의 사랑이 아이들을 향한 자신의 사랑에 비할 바 없이 큼을 깨달았습니다. 하느님의 사랑이 자신이 상상했던 것보다 훨씬 더 크다는, 새삼스럽지만 새로운 사실에 그녀는 놀라워했습니다. 이후 계속 시편을 묵상하고 기도하면서 친구는 사랑의 하느님에 관한 새로운 모습들(과부와 고아의 수호자 하느님, 산들이 예루살렘을 둘러싸고 있듯 당신의 백성을 둘러싸고 계신 하느님, 척박한 광야를 목초지로 바꾸시는 하느님 등)을 발견하고 마음 깊이 새겼습니다.

앞에서 소개한 가자의 도로테우스의 말대로 하느님과 가까워질수록 우리는 다른 사람과도 가까워집니다. 하느님을 향한 사랑이 성장할수록 다른 사람에 대한 우리의 사랑도 성장합니다. 제 친구 역시 마찬가지였습니다. 하느님의 사랑을 깨달으면 깨달을수록, 다른 사람들과 그들의 필요에 대한 제 친구의 감수성 역시 섬세해졌습니다. 하느님이 자신만의 하느님이 아니라 온 인류의 창조주이자 보호자이자 연인임을 그녀는 알게 되었습니다. 자신이 아이들을 있는 그대로 바라보면서도 성장하기를 바라듯, 하느님 역시 자신의 자녀들을 있는 그대로 바라보면서 성장하기를 바라심을 깨달았습니다. 어떤 한 사람의 상태나 지성, 윤리적 수준과 무관하게 하느님께서 그를 사랑한다는 사실을 되새기며, 친구는 자신에게 자기 기준을 들이대며 남을 판단하고 비판하고 정죄하는 경향이 있음을 의식하기 시작했습니다. 그리고 거기서 벗어나기 시작했지요. 완벽주의, 교만, 시기와 같은 고통스러운 감정들이 서서히 사라지기 시작했습니다. 대신 모든 하느님의 백성, 특히 굶주림과 추위, 외로움, 절망, 전쟁으로 고통받는 이들에 대한 관심이 솟아났습니다.

부정의 기도

기도할 때 침묵을 지키며 앉아 있는 것은 매우 중요합니다. 하느님의 이름을 부를 때는 더더욱 그러하지요. 이러한 맥락에서 압바 모세는 말했습니다.

> 가서 독방에 앉으십시오. 그러면 독방이 모든 것을 가르쳐 줄 것입니다.[8]

겸손과 더불어 사막 그리스도인들의 가르침 중 우리가 가장 깊이 되새겨야 할 것이 있다면 바로 침묵일 것입니다. 지금까지 살핀 기도에서 침묵은 목적이 있었습니다. 이때 침묵은 하느님께서 성서를 통해, 우리 자신의 마음을 향해 말씀하시기를 고대하는 일종의 기다림이었지요.

여기서 소개하는 기도는 이와는 다른 침묵과 관련이 있습

---

8 *The Sayings of the Desert Fathers*, Moses 6, 139.

니다. 바로 아무것도 요구하거나 기대하지 않고 말없이 함께 있는 것으로서의 침묵입니다. 잘 아는 사람, 사랑하는 사람과 함께 앉아 있을 때 우리는 종종 이런 침묵을 경험하곤 하지요. 앞에서 잠시 언급했지만, 동방 교회 전통에서는 우리가 하느님과 두 가지 방식, 즉 그분을 알아가는 방식과 그분에 대해 모름을 알아가는 방식으로 관계를 맺는다고 말했습니다. 하느님은 알 수 있는 분이시면서 동시에 알 수 없는 분이십니다. 그분은 우리가 살아가는 세상, 성서, 예수 그리스도, 교회, 다른 이들을 통해, 그리고 기도 가운데 우리에게 자신을 드러내십니다. 하지만 하느님을 무수히 많은 이름으로 부를 수 있다 해도, 우리는 하느님이 어떤 분이신지 다 알 수 없습니다. 그분은 우리와 함께 계시는 만큼이나 우리 너머에 계시고, 우리의 인식에서 벗어나 계십니다. 우리는 그분을 통제할 수 없습니다. 즉, 하느님은 신비이십니다. 우리가 그분을 향해 나아갈수록 우리는 그분이 어떤 분이시든 우리가 가진 범주들에 잡히지 않는 분이심을 알게 됩니다.

어떤 면에서 이는 그렇게 놀라운 사실은 아닙니다. 모든 인간, 모든 생명체는 이런 이중성을 지니고 있기 때문이지요. 부모, 형제자매, 배우자, 혹은 오랜 친구를 생각해 보십시오. 자녀를 둔 부모라면 자녀를 생각해 보십시오. 자녀를 사랑한다면 사랑하기 때문에 자녀를 잘 알고 있을 것입니다. 일상에서 겪는 여러 일에 어떻게 반응할지 짐작하며 어떤 느낌을 가질지도 어느 정도는 알고 있을 것입니다. 아이가 피곤하거나 기분이 좋지 않을 때 어떤 말을 할지 예측할 수 있을 정도로 말이지요. 그러나 대화를 나누다 문득, 혹은 침대에 잠든 아이의 모습을 볼 때 아이가 무척 낯선 사람임을 깨닫게 되는 순간이 있습니다. 그때 '내' 눈앞에 있는 존재는 단순한 나의 복사판이거나 배우자와 나를 합친 존재가 아닙니다. 어떨 때 아이는 나와 너무나 달라 그 아이의 마음을 헤아릴 길이 없습니다. 그러한 면에서 내 아이는 내가 아는 존재이면서, 동시에 그 앎 너머에 있는 존재입니다. 하지만 기이하게도 그런 경험이 마냥 불편하고, 두렵게만 다가오지만은 않습니다. 아이가 내가 온전히 통제할 수 없는 삶을 산다는 것은, 어떤 면에서 다행이고 좋은 일이기 때문입니다. 역설적이지만, 아이의 타자성을 알아차리는 순간, 나는 아이와 자연스럽게 거리를 두고, 아이를 바라보고, 아이를 존중하게 됩니다. 그렇게 '나'는 나의 아이를 더 사랑할 수 있습니다.

부정의 기도는 소중한 사람과 아무 말 없이 좋은 시간을 보내는 것과도 유사한 측면이 있습니다. 일과를 보내고 배우자, 친한 친구와 시간을 보낼 때를 떠올려 보십시오. 여러분은 그, 혹은 그녀를 알고 있습니다. 많은 세월을 함께했고 서로 속속들이 알고 있습니다. 그런 사람과 함께 있을 때, 많은 경우에는 이런저런 이야기를 나누지만, 때로는 아무 말도 하지 않은 채 그냥 같이 있고 싶을 때도 있습니다. 그때 말은 불필요한 장식처럼 보이지요. 부정의 기도는 바로 이와 같습니다. 우리는 모두 하느님의 이름을 부르고, 그분과 소통하며 그분이 어떤 분인지 점점 더 깊게 알아가야 합니다. 하지만 이런 방식으로 하느님과 함께 시간을 보내는 만큼이나 다른 방식으로도 하느님과 함께해야 합니다. 아무것도 생각하지 않고, 아무것도 상상하지 않고, 아무것도 요구하지 않은 채 그저 그분 곁에 머물러 있어야 합니다. 우리 마음 깊은 곳에는 사랑하는 사람과 아무 말 없이 함께 있고픈 만큼이나 하느님과 아무 말 없이 함께하고픈 갈망이 있기 때문입니다.

오랜 세월에 걸쳐 이른바 그리스도교 신비주의자들은 이런 기도가 평범한 그리스도인들은 하기 힘든 것처럼 말해왔습니다. 에바그리우스 폰티쿠스는 부정의 기도는 말과 개념이 없는 기도이기 때문에 순수한 기도라고 이야기했으며, 오랜 수련을 거쳐야만 가능하다고 말했습니다. 니사의 그레고리우스 역시 부정의 기도는 어둠 속에서 하느님을 아는 것이기에 빛 속에서 하느님을 알아가는 긍정의 기도와는 달리 신앙의 영웅들만 이를 체험할 수 있다고 말한 바 있지요. 그러나 이런 이야기들은 오해의 소지가 다분합니다. 하느님께서는 전적으로 낯선 분, 혹은 고도의 수련을 거쳐야만 알 수 있는 분이 아닙니다. 우리 너머에 계심에도 불구하고, 그분이 오시기에, 그분이 당신을 알리고 계시기에 우리는 침묵 가운데서도 그분과 함께 시간을 보낼 수 있습니다. 짧은 시간이든 긴 시간이든 시간을 내 조용히 앉아 보십시오. 아무것도 묻지 말고, 아무것도 말하지 말고, 아무 생각도 하지 말고, 그저 침묵하십시오. 그러면 그러한 가운데, 지극한 사랑의 눈길로 우리를 보시며, 우리 곁에서 침묵으로 함께하시는 하느님을 느낄 수 있을 것입니다.

VI

하느님

초기 그리스도인들은 하느님이 어떤 분이신지를 묻고, 그 분과 소통하며 하느님에 대한 앎을 찾아가는 과정에서 그분을 반영하는 삶을 분리할 수 없다고 생각했습니다. 하느님에 대한 앎은 일련의 질문에 대한 답으로 이루어져 있지 않습니다. 하느님에 대한 앎은 마치 남편에 대한 아내의 앎, 아내에 대한 남편의 앎에 가깝습니다. 아내와 남편이 서로에 대해 갖고 있는 앎은 상대의 타자성을 인식하며, 사랑을 바탕으로 상대를 깊이 존중하고, 상대가 자신의 연장선이 되지 않고 상대로서 존재할 수 있도록 해줍니다. 그리고 이러한 앎은 서로에 대한 배려와 일상적인 관심과 필요에 반응함으로써 형성됩니다. 사랑이 깊어갈수록, 앎이 깊어질수록 남편은 남편의 방식으로, 아내는 아내의 방식으로 성장합니다. 마찬가지 맥락에서 하느님에 대한 앎은 성장하는 앎임과 동시에 우리를 성장시키는 앎입니다.

지금까지 우리는 초기 사막 그리스도인들이 이야기했던 사랑, 겸손, 정념, 성찰, 기도에 대해 살펴보았습니다. 이를 통해 우리는 기도가 우리를 우리와 함께하시는 하느님에게로 인도한다는 것을 알았습니다. 그렇다면 하느님과 함께할 때 우리는 무엇을 알게 될까요?

하느님은 사랑이시다

다른 무엇보다, 하느님은 사랑이십니다. 그분은 우리의 상상을 뛰어넘는 사랑, 한없는 사랑을 아낌없이 베푸십니다. 우리가 상상하는 하느님의 사랑이 무엇이든, 그 사랑은 훨씬 더 깊고, 훨씬 더 꾸준하며, 훨씬 더 온화합니다. 우리는 그 사랑을 조작하거나 흥정할 수 없습니다. 우리만 그 사랑을 쟁취할 수도 없고, 반대로 그 사랑을 잃어버릴 수도 없습니다. 시편 125편에서 산들이 예루살렘을 에워 감싸주듯 하느님께서는 온 피조물을 감싸주십니다. 사랑이신 그분은 온 피조물을 빛으로 채우십니다. 그분은 하늘에서 기쁨으로 빛나고, 그 빛은 풀잎 하나하나, 작은 벌레 하나하나를 비추며 우리의 눈을 열어 그들을 볼 수 있게 해줍니다. 그분에 기대어 우리는 숨 쉬고, 땅을 걸으며, 음식을 먹습니다.

하느님께서 베푸시는 사랑은 우리가 이를 깨닫든 깨닫지 못하든 우리를 하느님께로 인도합니다. 그분께서는 모든 피조물이 창조주이자 사랑의 근원인 당신께 이끌리도록 세계를 창조하셨기 때문입니다. 하느님을 향하지 않도록 창조된 것은 없습니다. 존재하는 모든 것은 하느님을 향해 움직일 때만 그 존재의 의미를 갖게 됩니다. 행성의 운행, 밀물과 썰물, 태양과 달의 운행, 동물과 식물의 탄생, 성장, 쇠퇴, 다른 인간을 향한 인간의 사랑의 움직임 모두 하느님을 향한 움직임입니다. 5세기 히포의 아우구스티누스Augustine of Hippo는 말했습니다.

> 우리 마음은 당신 안에서 안식할 때까지는 평안하지 않습니다.[1]

하느님을 향한 움직임 안에서만 우리는 안식할 수 있습니다.

우리 한 사람 한 사람은 각기 다른 방식으로 하느님에게

---

1 *Confessions*, Book 1, Chap. 1. 『고백록』(경세원)

이끌리고, 그분을 향해 나아갑니다. 우리 한 사람 한 사람은 각기 고유한 역사 속에서, 각자의 필요에 따라 하느님을 알게 됩니다. 하느님을 향한 움직임은 불투명한 갈망, 호기심, 두려움, 이 세계에서 하느님의 선하심에 대한 발견, 심판에 대한 두려움에서 시작될 수 있습니다. 이 움직임을 멈추거나 돌이키지 않는 한, 우리는 하느님뿐만 아니라 모든 존재를 향한 사랑으로 나아갑니다. 그리고 안식을 얻습니다.

사랑을 향해 나아가는 것이 불가능하다고 생각할지도 모르겠습니다. 비현실적인 일이라고 여길지도 모르겠습니다. 오늘날 적잖은 이들은 삶에서 많은 상처를 입어 사랑 자체가 환상이라고 이야기하기도 합니다. 사랑을 경험해 본 적 없는 이에게는 하느님께서 우리를 사랑하신다는 이야기 자체가 낯설게 들릴 것입니다. 사랑을 빙자한 폭력, 억압, 모욕을 당한 이에게는 사랑이 바람직해 보이지 않을 수도 있습니다. 우리가 벌레보다 못한 존재임에도 불구하고 하느님은 그런 우리를 사랑하신다는 이야기를 듣는다면 하느님을 사랑하기 위해서는 나의 자존감, 나를 돌보려는 일체의 움직임을 포기해야 한다고 생각할지도 모르겠습니다. 누군가에게 하느님께서 우리를 사랑하시며 그 사랑으로 우리를 치유하신다는 이야기는 감상적인 이야기, 흐릿한 희망에 불과해 보일지도 모르겠습니다.

실제로 어떤 사람은 사랑을 받은 기억 자체가 없을 것입니다. 뒤틀린 형태의 사랑만을 받은 이도 있겠지요. 성정이 아닌 감정으로서의 사랑만을 받은 이도 있을 것입니다. 우리 중 많은 사람은 천천히, 그리고 힘겹게, 때로는 고통스럽게 사랑을 익히기 시작합니다. 누구나 한 번쯤은 예상치 못한 선물, 친절을 받은 적이 있을 것입니다. 혹은, 책을 읽는 와중에, 드라마를 보는 와중에 사랑이 무엇인지 엿보았을 수도 있습니다. 우연히 마주친 낯선 사람에게서 그때까지 알지 못했던 사랑을 접하고 마음이 움직였을 수도 있습니다. 앞에서도 이야기했지만, 성정으로서의 사랑을 익히기 위해서는 누구나 아주 오랜 시간, 평생을 보내야 합니다. 그 사랑의 시작은 대체로 불완전하고, 흐릿하며, 망가진 형태일 수 있습니다. 그러나 그럼에도 그것은 사랑입니다. 지극히 작고, 흐릿하고, 미미할지라도 사랑은 우리 안에서 싹틉니다. 그 싹이 자라나기를 갈망하고 이를 기도하십시오. 우리는 어느 날 갑자기 사랑하게 되는 것이 아닙니다. 그런 일은 매우 드뭅니다. 하느님께서도 그런 식으로는 잘 활동하지 않으십니다.

우리가 전혀 의식하지 못한다 해도, 거의 감지하지 못한다 해도, 너무나도 흐릿해 보여도 우리는 사랑을 받아왔고, 또

받을 것입니다. 우리가 느끼지 못한다 해도 하느님의 사랑은
이미 우리를 둘러싸고 있습니다. 이를 신뢰하고 주의 깊게
자신을, 그리고 주변을 둘러보십시오. 하느님께 도움을 구하
고 조용히 있어 보십시오. 다른 사람이나 동물에게 작은 친
절을 베풀 수 있다면, 우리는 이미 그 사랑으로 살기 시작한
것입니다. 기도가 잘 나오지 않는다고 하더라도 시도해 보십
시오. 분노와 절망을 표현해도 좋으니 그분께 말을 건네십
시오. 그리고 사랑을 어디서 찾을 수 있을지 묻고, 또 생각해
보십시오. 사랑은 우리를 감싸고 있지만, 우리가 그 사랑을
택하지 않는다면 사랑은 우리에게 오지 않습니다. 사랑을 찾
고, 사랑을 택하고, 사랑을 익히십시오. 안토니우스의 말을
기억하십시오.

> 당신이 노력하며 하느님께 기도하지 않는다면 저는 당신에
> 게 자비를 베풀지 않을 것입니다. 하느님께서도 그러하실
> 겁니다.[2]

하느님께서는 우리를 사랑하시기에, 당신께서 자유 가운데

---

2 *The Sayings of the Desert Fathers*, Anthony 16, 4.

우리를 사랑하시듯 우리도 자유 가운데 사랑할 수 있도록 하셨기에, 삶이라는 터에 당신께서 보내시는 모든 것을 우리가 기계적으로 받아들이기를 바라지 않으십니다. 우리가 사랑을 찾고, 택하고, 익히지 않는 한 하느님께서는 억지로 우리에게 사랑을 밀어 넣거나 우리 안에서 사랑이 일어나게 하지 않으실 겁니다.

하느님을 향한 움직임은 원의 둘레에서 중심이신 하느님을 향한 움직임입니다. 원의 둘레는 원의 중심이 규정하듯, 인간이 된다는 것의 의미, 삶의 의미를 규정하는 분은 하느님이십니다. 둘레에서 중심으로 나아가듯, 희미하게 보일지라도, 담대하게 우리 마음이 변화하기를 하느님께 간구할 때 우리는 그분께 나아갈 수 있습니다. 그분의 사랑이 우리를 인도합니다. 그분의 사랑을 향해 우리는 나아갑니다.

하느님의 사랑은 특별합니다. 그분의 사랑은 선한 사람이든 악한 사람이든 모든 사람에게 비추는 햇빛과 같지만, 우리가 기꺼이 받으려 한다면 우리 한 사람 한 사람에게 꼭 맞는 방식으로 다가와 우리 안에서 번성합니다. 시편 139편이 노래하듯 하느님께서는 우리의 모든 뼈와 힘줄을 아시고 이들을 엮으시는 분, 우리 자신도 모르는 우리를 아시는 분이십니다. 그분은 마른 뼈들을 일으켜 살을 입히실 수 있습니다(에제키엘 37장). 그분은 마른 땅을 단비로 적시시듯, 광야를 비옥하게 하시듯 당신의 사랑을 우리에게 부어 주십니다.

이 사랑은 예수 그리스도 안에서, 예수 그리스도를 통해 특별한 방식으로 우리 가운데 나타났습니다. 그리스도인인 우리는 그리스도의 몸에 속하게 됨으로써 이 사랑을 만방에 흘려보냅니다. 이 사랑에 기대어 우리는 서로의 있는 모습 그대로를, 너무나도 아름답고 너무나도 불완전한 그 모습을 그대로 사랑하고, 그만큼 아름답고 불완전한 세상을, 그 있는 그대로의 모습을 사랑합니다.

하느님의 겸손

사막의 그리스도인들에게 가장 중요한 덕은 겸손이었습니다. 겸손은 사랑할 수 있는 마음의 상태, 사랑할 수 있는 마음의 태도입니다. 겸손은 그리스도인의 모든 사랑을 뒷받침하고, 모든 사랑을 가능케 합니다. 하느님, 그리고 다른 사람에 대한 우리의 생각, 행동, 감정을 긍정적인 방식으로 형성한다는 측면에서 겸손은 관계의 덕입니다. 다른 모든 선한 덕과 마찬가지로 겸손은 하느님으로부터 비롯됩니다.

하느님의 사랑은 다른 무엇보다 겸손으로 드러납니다. 우리를 향한 하느님의 사랑을 가장 극명하게 보여주는 활동은 성육신입니다. 성육신 사건에 담긴 겸손의 깊이는 우리가 헤아릴 수 없을 정도이지요.

> ... 과거에도 오늘날에도 하느님의 위대함과 신비를 파악할 수 없듯, 천상에서도 지상에서도 성육신에 담긴 하느님의 겸손, 어떻게 자신을 이토록 낮추실 수 있는지, 어떻게 인간이 되실 수 있는지 우리는 헤아릴 수 없습니다. 하느님의 위대함을 이해할 수 없는 것처럼, 하느님의 겸손 또한 이해할 수 없습니다.[3]

그리스도교가 이 세상에 등장한 지 그리 오래되지 않았을 때, 그리스도교인이 아닌 이들에게 '하느님은 겸손한 분'이라는 이야기는 매우 낯설게 다가왔습니다. 심지어 불쾌함을 보이는 이들도 많았지요. 인간의 지저분한 면모, 연약한 면모, 한계, 수치를 의도적으로 감내한 이를 주님으로 예배한다는 것이, 하느님이 인간의 그런 면모까지 감싸 안으셨다는 이야기가 그들에게는 도무지 이해되지 않았습니다. 어쩌면 우리도 마찬가지일지 모릅니다. 우리가 기도하고, 예배하는

---

3 *Intoxicated with God: The Fifty Spiritual Homilies of Macarius*, 180.

하느님은 어떤 분이십니까? 우리는 진실로 하느님이 여러분은 중요하게 여기지 않는, 여러분의 사소한 부분을 중요하게 여기신다고 생각하나요? 여러분은 진실로 하느님이 우리보다 더 우리를 더 진지하게 여기시고 우리에게 관심을 기울이시면서도 우리의 업적에는 별다른 신경을 쓰지 않으신다는 것을 믿으십니까? 우리는 정말 하느님께서 우리가 성공하든 실패하든 한결같이 우리를 사랑하심을 신뢰할까요? 하느님께서 우리를 사랑하시기 위해 우리의 능력, 취향, 직업, 성별, 계급, 인종뿐만 아니라 이 사회에서, 혹은 주변에서 정한 '나'의 가치도 무시하신다는 사실을 신뢰하나요? 하느님의 위대함을 받아들이기는 쉽습니다. 그러나 하느님의 사랑, 그분의 겸손은 받아들이기 어렵습니다. 우리는 우리도 모르게 그런 하느님을 외면하고, 때로는 거부합니다. 어떤 이들은 그런 겸손의 하느님을 자의적인 힘, 독단적인 힘으로 보고 자신들에게 더 적합한, 자신들의 입맛에 맞는 신을 찾습니다.

하느님의 겸손은 다채로운 방식으로, 때로는 아주 미묘한 방식으로 우리가 맺고 있는 관계의 흐름을 뒤집습니다. 이 겸손과 관련해 우리는 모두 같은 위치에 있다고 할 수 있지요. 교만을 버리고 다른 이에게 다가가는 법을 익히지 않으면, 설령 기도한다 해도 우리는 하느님을 사랑하는 법을 익힐 수 없습니다. 우리는 이를 끊임없이 되새겨야 합니다.

한 노인이 일주일에 한 번만 식사하며 70주를 보냈다. 그 다음 그는 하느님께 성서 본문의 의미를 물었다. 하지만 하느님께서는 아무런 말씀도 없으셨다. 노인은 되뇌었다. '무엇을 더 해야 한단 말인가. 열심히 금식했지만, 아무것도 소용이 없구나. ... 다른 형제에게 가서 물어봐야겠다.' 그가 형제에게 가려 집을 나오자 주님의 천사가 나타나 말했다. "네가 70주 동안 금식해도 하느님께 가까이 가지 못했으나, 이제 겸손한 마음으로 네 형제를 찾아가니, 너에게 본문의 의미를 알려주겠다." 천사는 본문의 의미를 알려주고 떠났다.[4]

우리는 하느님의 겸손을 이해할 수 없습니다. 하지만 겸손하신 하느님은 사랑으로 우리가 당신을 헤아릴 수 있게끔 인도하십니다. 온유하신 그분은 우리를 괴롭히지 않으시며 우리의 선택을 침해하지 않으십니다. 하느님은 당신의 권능으로 우리를 위협하지 않으십니다. 하느님의 겸손을 감지할 때

---

4 'The Sayings of the Fathers', *Western Asceticism*, 171.

우리는 무언가를 해야 한다는 강박, 무언가가 되어야 한다는 강박이 하느님의 명령이 아니라 여러 인간관계 가운데, 주변과의 관계 가운데 우리 스스로 형성한 파괴적인 주문임을 깨닫게 됩니다.

겸손하신 하느님께서는 "내가 겸손한 것처럼 너희도 겸손하라"고 말씀하십니다. 겸손하신 하느님을 닮으려 할 때, 우리는 실제로 그분의 겸손을 닮아갈 수 있습니다. 그분께서 우리를 당신의 깊은 겸손으로 인도하시기 때문입니다. 그 과정은 결코 쉽지 않지만, 익숙해질수록 우리는 가벼워집니다. 우리를 스스로 옭아맸던 강박에서 벗어나기 때문입니다.

내 멍에는 편하고, 내 짐은 가볍다. (마태 11:30)

겸손은 하느님께서 우리에게 주신 선물이며, 이 선물에 익숙해질수록 우리는 참된 기쁨을 누립니다. 그리하여 이 선물을 다른 이들에게도 전합니다. 이 교류를 통해 우리는 가식을 버리는 법을 익히며, 하느님께서 주시는 모든 좋은 선물 중에서도 가장 좋은 선물, 한 사람의 왜곡된 모습, '나'의 필요와 사회, 문화의 가치에 재단 당한 모습이 아닌 그 사람의 있는 그대로의 모습, 하느님의 형상으로서의 그, 혹은 그녀를 보게 되는 선물을 누립니다.

무정념의 하느님

정념은 강한 감정이나 마음에 휘말린 상태로, 정념에 휘말린 사람의 눈을 멀게 하며, 어떤 일이나 사람, 심지어 하느님도 제대로 볼 수 없게 만듭니다. 정념은 정의상 파괴적입니다. 정념은 선택을 할 수 있는 자유의 여백을 없애고, 불건전한 것을 건전한 것으로, 선한 것을 어리석은 것으로 만들어 버립니다. 그래서 초기 그리스도인들은 하느님께서는 정념이 없으신 분이며, 그래야 한다고 이해했습니다.

하느님께서는 정념이 없으시기에 우리를 있는 그대로, 즉 사랑의 선명한 눈길로 보십니다. 그렇기에 우리를 제대로, 깊이, '합리적으로' 볼 수 있는 존재는 하느님뿐입니다. 합리적으로 본다는 것은 곧 그 대상을 사랑하는 것이기 때문입니다. 하느님께서는 정념이 없으시기에 우리는 두려움에 떨며 그분 앞에 설 필요가 없습니다. 교만과 분노, 미래에 대한 두려움, 심지어 영광을 향한 정념조차 하느님 안에서는 설 자리가 없습니다. 그분은 탐욕, 음욕, 우울, 교만의 노예가 되실 수 없습니다. 하느님에게는 정념이 없으시기에 영원의 전망조차 뒤틀려 보이게 하거나, 흐릿하게 만드는 열망으로 우리를 보지 않으십니다. 그분은 우리를 있는 그대로 보시며, 다른 누구도 사랑할 수 없는 방식으로 우리를 온전히 사랑하십니다.

하느님께서는 정념이 없으시기에 우리를 변함없이 사랑하십니다. 그분은 신실하시며, 우리는 그분의 신실하심을 신뢰할 수 있습니다. 하느님은 어떨 때는 화가 나 있다가 어떨 때는 기분이 좋은 그런 분이 아닙니다. 하느님은 결코 자의적이지 않으시고 변덕스럽게 활동하지 않으십니다. 물론 우리는 그분의 변함없는 사랑을 다양한 방식으로 접하기 때문에 우리 안에서 통용되는 의미로 '예측 가능한' 분은 아닙니다. 그분은 우리에게 조종당하지 않으시나, 당신을 필요로 하는 이들을 결코 외면하지 않습니다. 니사의 그레고리우스는 우리가 하느님에게 관련해 알 수 있는 점은 바로 당신을 찾는 이들을 결코 외면하지 않으신다는 사실 뿐이라고 말한 적이 있습니다.

하느님의 무정념은 그분의 여러 속성 중 하나에 불과하지 않습니다. 십자가에 못 박히셨을 때 이 속성은 그분의 마음에서 불타올랐습니다. 예수께서는 끔찍한 고통을 겪으셨지만, 하느님은 그 고통에 눈이 멀지 않으셨습니다. 하느님은 하느님을 십자가에 못 박은 인류의 잔인함, 부주의, 오해를 있는 그대로 보셨습니다. 그분은 당신이 보신 것을 정확히 알고 계셨습니다. 십자가에 매달린 이의 심정은 오직 하느님만이 제대로 보실 수 있었기에 예수께서는 "아버지, 저 사람들을 용서하여 주십시오. 저 사람들은 자기네가 무슨 일을 하는지를 알지 못합니다"라고 말씀하셨습니다. 그 말씀은 겸손하고 정념 없이 우리 모두를 사랑하시는 하느님의 형상인 인간 예수의 말씀이었습니다.

사막의 그리스도인들도 다른 사람의 상처와 연약함을 보지 못하게 하는 정념이 없기를 바랐습니다. 그들은 우리를 하느님과 상대에게서 멀어지게 하는 상처를 치유하기 위해 사랑하기를 바랐습니다.

어느 날 세 노인이 압바 아킬레스를 방문했다. 그들 중 한 사람은 평판이 좋지 않았다. 첫 번째 노인이 아킬레스에게 물었다. "압바여, 제게 어망 하나만 만들어주십시오." 압바가 대답했다. "당신에게는 그것을 만들어주지 않겠습니다." 그러자 두 번째 노인이 말했다. "수도원에 기념품으로 둘 수 있도록 자비를 베푸셔서 하나 만들어 주시지요." 아킬레스는 말했다. "그럴 시간이 없습니다." 그러자 평판이 나쁜 세 번째 노인이 말했다. "압바여, 제게 어망 하나를 만들어 주십시오. 그러면 압바가 손수 만든 물건을 제가 가질 수 있으니까요." 압바 아킬레스는 즉시 답했다. "당신을 위해 하나 만들어 주겠습니다." 그러자 다른 두 노인이 그에게 은밀히 물었다. "어째서 우리 부탁은 들어주지 않고 그의 부탁은 들어주셨습니까?" 아킬레스가 대답했다. "제가 어망을 만들어 주지 않겠다고 말했지만, 당신들은 실망하지 않았습니다. 제게 시간이 없다는 것을 이해하고 있었기 때문입니다. 하지만 제가 그를 위해 어망을 만들어주지 않는다면, 그는 제가 자신의 평판에 대해 알고 있고 그 때문에 어떤 것도 만들어주지 않는다고 생각했을 것입니다."[5]

아킬레스가 선물을 받을 자격이 되지 않는 것처럼 보이는 이가 자신에게 무례했음에도 불구하고 그보다는 그가 상처를 받거나, 낙심하지 않을까 염려했듯 하느님께서는 우리가 정념으로 인해 자신과 다른 사람에게 상처를 입힐 때도, 더 나아가 그로 인해 당신을 오해하고 비난할지라도 우리 모두의 치유를 염려하십니다.

---

5 *The Sayings of the Desert Fathers*, Achilles 1, 28~29.

주께서 사랑하시듯 사랑하라

초기 그리스도인들은 피조물을 향한 하느님의 사랑을 닮아 자신들도 하느님을, 그리고 사람들을 사랑할 수 있기를, 그리고 다른 사람들도 이 사랑을 알고 그 사랑으로 살아갈 수 있기를 진심으로 바랐습니다. 하느님의 피조물을 향한 사랑, 그리고 하느님을 향한 우리의 사랑, 우리가 서로 나누는 사랑은 모두 같은 사랑이었습니다. 이 모든 사랑의 근원은 하느님의 사랑이며 거기서 다른 모든 사랑이 흘러나왔기 때문입니다. 하느님의 공동체, 즉 교회는 이 사랑을 깨닫고, 되새기고, 나누는 그리스도의 몸입니다.

그리스도인인 우리는 진실로 그리스도의 몸입니다. 피조물을 향한 하느님의 사랑과 우리가 서로 나누는 사랑은 쉽게 구분할 수 없습니다. 우리가 나누는 사랑이 참되다면 그 사랑은 하느님께서 베푸시는 사랑의 일부이기 때문입니다. 물론 그렇다고 해서 하느님의 사랑을 우리가 나누는 사랑의 조금 신비로운 측면이라 여겨서는 안 됩니다. 현실에서 이루어지는 우리의 사랑은 하느님의 사랑을 닮기를 추구하는 사랑, 그 사랑을 지향해 나아가는 사랑입니다. 그리스도인으로서 우리는 신앙의 선배들이 그랬듯, 또 예수께서 그리하셨듯 사랑을 실현하는 이가 되기를 원합니다. 이것이 그리스도의 몸을 이루는 지체가 된다는 것에 담긴 핵심 의미입니다.

이것이 지금까지 나눈 모든 이야기의 핵심입니다. 그리스도인이 된다는 것은 하느님의 사랑에 기대어 사랑하는 법을 익히는 것을 말합니다. 하느님의 사랑은 단순히 어떤 따뜻한 감정이 아닙니다. 우리 삶의 과정을, 그리고 사막 그리스도인들의 가르침과 행동을 살펴보면, 우리를 대하시는 하느님의 모습을 살펴보면, 우리가 하느님에 대해 말할 수 있는 것이 무엇인지를 살펴보면, 그렇게 살피고 되새긴 것을 바탕으로 우리 삶을 형성하다 보면 사랑의 분명한 특성이 드러납니다.

초기 사막의 그리스도인들은 하느님의 인내와 그분이 일으키시는 희망에 기대어 끊임없이 인내했고 오늘날 우리가 보기에는 기이해 보일 만큼 희망을 품었습니다. 나이 든 사막의 수도사들은 젊은 수도사들에게 인내심을 가지라고, 언젠가 정념에 사로잡히지 않게 될 수 있음을 희망하되 정념이 하룻밤 사이에 뿌리 뽑힐 것이라고 기대하지 말라고 끊임없이 조언했습니다. 이런 인내가 다른 사람에게까지 확장되었을 때 어떤 모습을 띠게 되는지를 보여주는 한 이야기가 있습니다.

한 술 취한 노인이 있었다. 그는 돗자리를 짜서 옆 마을에 팔아 돈을 벌 때마다 술을 마시곤 했다. 어느 날 한 젊은 수도사가 그와 함께 살게 되었다. 수도사도 함께 돗자리를 짰다. 노인은 그 돗자리도 팔았고 대부분 돈을 술 마시는 데 썼으며 수도사에게는 굶어 죽지 않을 만큼의 빵과 약간의 포도주만 주었다. 그런 일이 3년 동안 계속되었지만, 수도사는 묵묵히 노인 곁을 지켰다. 3년이 지난 어느 날 수도사는 이런 생각을 했다. '이제 내 할 일은 다 한 것 같아. 내가 가진 건 이 빵이 전부니 떠나야겠다.' 그러나 그는 다시 생각했다. '내가 떠난다고 무슨 의미가 있을까? 그냥 여기에 머물자. 여기서 하느님을 따르고 노인과 함께 살자.' 그런데 주님의 천사가 그에게 나타나 말했다. "떠나지 말아라. 내일 우리가 너의 영혼을 거두러 오겠다." 다음날 수도사는 노인에게 간청했다. "오늘은 아무 데도 가지 마세요. 천사들이 저의 영혼을 거두러 올 겁니다." 노인은 평소처럼 마을에 돗자리를 팔러 나갈 준비를 하며 수도사에게 말했다. "이봐, 젊은이, 천사들은 오늘 오지 않을 거야. 이미 하루가 다 갔어." 수도사는 자신이 죽게 될 거라고 계속 노인에게 이야기했지만, 노인은 듣지 않았고 태평하게 잠이 들었다. 일어나 보니 수도사는 죽어 있었다. 그 모습을 본 노인은 울면서 말했다. "아, 내가 이 친구를 소홀히 한 것이 한스럽구나. 죽음을 앞둔 순간에조차 이 친구는 나를 인내했구나." 이후 노인은 술을 끊고 충실히 삶을 살았다.

이 이야기의 핵심은 다른 사람을 학대해 죽음을 맞게 내버려두라는 이야기가 아닙니다. 학대받는 아내에게 결혼 생활을 이어가라고 조언할 때 쓸 이야기가 아닙니다. 이 이야기는 인간을 변화시키는 사랑의 힘을 믿은 그리스도인이 자신이 맡은 일에 헌신하는 모습을 보여주는 이야기입니다. 특히 기억해야 할 점은 수도사가 자신이 한 일의 결과를 알지 못한 채 죽음을 맞이했다는 것입니다. 이야기 마지막 장면에서 죽음을 앞에 둔 수도사는 노인에게 함께 있어달라고 부탁했지만, 노인은 그 부탁조차 들어주지 않았습니다. 수도사는 결국 무슨 일이 일어날지 알지 못한 채 죽었지만, 마지막 순간에도 노인에게 분노나 원망을 토해내지 않았습니다. 그는 노인이 변화할지 알지 못했지만, 자신이 할 수 있는 한 최선을 다해 노인을 사랑했습니다. 무슨 일이 일어나든 자신과 모든 사람이 하느님의 사랑 안에서, 하느님의 사랑으로 살아간다는 것을 알고 있었기 때문입니다. 예수께서 그리하셨듯 말이지요.

이러한 인내와 희망의 실천은 하느님께서는 당신께서 창조하신 모든 것을 사랑하신다는 깊은 깨달음에서 나옵니다. 하느님께서 당신이 창조하신 세계를 온전히 품으실 것임을, 만물을 새롭게 하심을 알고, 그분을 좇아 그분의 활동에 자신을 내맡기는 것입니다.

밀접하게 엮여 있는 우리 육체와 영혼보다 더 가까이, 하느님께서는 우리 곁에 계십니다. 그분은 오셔서 우리 마음에 닫힌 문을 여시고 천상의 풍요로움으로 우리를 채우실 것입니다. … 우리가 끝까지 인내한다면 이 깨질 수 없는 약속은 이루어질 것입니다. … 하느님의 자비가, 그분의 영광이 영원하길! 아멘.[6]

---

6 *Intoxicated with God: The Fifty Spiritual Homilies of Macarius*, 82.

로버타 본디의 여정

오언 F. 커밍스

Owen F. Cummings

우리 마음에 끊임없이 "두려워하지 말아라"라고 말씀하시
는 한 분 하느님을 찬미합시다.[1]

다른 사람을 만났을 때 지혜와 사랑의 눈으로 바라보십시
오. 그렇게 할 수 있다면, 당신은 그 안에 계신 하느님을 볼
수 있을 것입니다. 그러니 주의를 기울이십시오. 누구도 중
요하지 않다고, 가치가 없다고 여기지 말고, 경멸하거나 무
시하지 마십시오.[2]

---

1   Roberta C. Bondi, *Memories of God* (Nashville: Abingdon Press, 1995), 49.

2   Roberta C. Bondi, 'God 101: Back to School with Julian of Norwich', *The*

사랑은 하느님의 인도를 받아 치유되고, 성장하고, 변모되는 성정입니다. 사랑은 우리 자신, 다른 사람, 세상, 하느님과 관계 맺는 방식으로서 감정, 행동, 습관, 보는 방식, 판단의 집합체입니다.[3]

들어가며

이 글에서는 로버타 본디와 그녀의 영적 순례를 소개한다. 로버타의 삶과 글은 내 인생에 커다란 은총의 통로였다. 이 글을 통해 독자들이 그녀의 저작들을 만나고, 나와 같은 경험을 할 수 있기를 바란다.

로버타 본디의 특별한 점은 무엇일까? 아마도 신학과 영성, 자전적인 글과 심리학을 탁월하게 엮어낸다는 점을 들 수 있을 것이다. 많은 사람이 그녀의 책을 읽고, 이를 이론적으로 이해하기 전에 먼저 그녀의 생각에 공감한다는 사실은 그리 놀라운 일이 아니다.

모든 사람은 각자의 삶의 짐을 지고 산다. 우리 한 사람 한 사람은 복잡다단한 역사를 가진 특정 가정에서 태어나 기뻐하고, 슬퍼하며, 일하고, 고통을 겪고, 여러 도전을 마주한

Christian Century (August 28-September 10, 2002), 21.

3 Roberta C. Bondi, *A Place to Pray* (Nashville: Abingdon Press, 1998), 94.

다. 우리 한 사람 한 사람이 고유한 짐을 지며 살아간다는 사실을 받아들이는 것은 매우 중요하다. 이 감각은 우리가 우리 생애 주기를 살아가며 느끼는 행복과 만족, 하느님, 그리고 다른 피조물과의 관계와 연결되어 있기 때문이다. 로버타는 말한다.

> 하느님에 대한 심상, 다른 사람들과의 관계를 맺는 방식은 우리를 양육하는 부모, 조부모, 선생, 사목자와 같은 이들과의 만남을 통해 아주 이른 시기에 형성됩니다. 어린 시절에는 이를 의식하지 못하며, 다시 살펴보고 반성할 수 없는 형태로 남아있지만 말입니다.[4]

이를 이론으로 아는 것과 삶에서 깨닫는 것은 완전히 다른 일이지만, 어떠한 식으로든 알고 깨달으면 우리가 시간을 살아가는 존재라는 것, 달리 말하면 우리가 성장하는 존재라는 것은 우리에게 큰 가능성으로 다가온다. 하지만 우리는 이 사실을 외면하기 쉽다. "하느님과 세상을 있는 그대로 바라볼 수 있는 우리의 능력을 방해하는" 우리의 "죄와 그로 인

---

[4] Roberta C. Bondi, *A Place to Pray*, 68.

한 상처" 때문이다.[5] 부모를 포함한 모든 그리스도교 신앙의 매개자들은 완벽하지 않으며 결함이 있다. 그리고 그 결함은 우리에게 이어져 우리 내면 깊숙한 곳에 자리 잡는다. 이를 깨닫기란 결코 쉽지 않다.

로버타 본디는 누구인가? 그녀는 감리교 신학자이자 교회 사가다. 에모리 대학교 캔들러 신학대학원에서 오랜 기간 가르쳤으며, 지금은 명예교수로 활동하고 있다. 그녀는 60년대 이후 그리스도인으로 성장하고 발전하는 과정에서 겪은 기쁨과 슬픔, 도전에 관한 다양한 글들을 썼다. 그녀의 성장기, 그리고 그녀가 겪은 일들이 아주 특별한 것은 아니다. 하지만, 어쩌면 그렇기에 그녀의 글들은 우리가 인생에서 한 번쯤 겪는 기쁨, 슬픔, 도전과 공명하고 이를 곱씹고 되새겨 성장할 수 있도록 도움을 준다.

어린 시절의 상처

나는 완벽주의 성향의 부모 아래 장녀로 태어났습니다. 두 분은 나의 선택을 신뢰하지 않았고, 내 모든 행동이 당신들

---

5 Roberta C. Bondi, *Nick the Cat: Christian Reflections on the Stranger* (Nashville: Abingdon Press, 2001), 52.

에게 좋지 않은 영향을 미치고 있다고 확신했습니다. 어린 시절의 나는 지지받지 못했고 수용되지 못했습니다. 간혹 상황이 좋을 때조차 책망을 받을지 모른다는 불안 속에 있었습니다.[6]

그렇기에 그녀가 어린 시절 자신을 "모든 것을 두려워하는 소심하고 어린 소녀 … 다른 아이들과 잘 어울리지 못하는 외로운 아이 … 하느님과 삶의 의미에 대해 고민하는 아이"로 묘사한 것은 자연스러운 일이었다.[7]

수줍음이 많았던 로버타는 어린 시절 많은 시간을 책을 읽으며 보냈다. 그녀가 열한 살이 되었을 때 그녀의 부모는 이혼했다. 여러 글을 통해 그녀는 이러한 삶을 통해 자신이 짊어지게 된 짐을 묘사했다. 대표적으로, 그녀는 아버지, 그리고 아버지 하느님에 대해 생각하는 데 어려움을 겪었다.

어린 나로서는 아버지의 명령을 종종 이해하지 못했습니다. 그래서 때로는 의도적으로, 때로는 의도치 않게 그의 말

---

6 Roberta C. Bondi, *Night on the Flint River: An Accidental Journey in Knowing God* (Nashville: Abingdon Press, 1999), 61.

7 Roberta C. Bondi, *Memories of God*, 7.

을 따르지 않았고, 아버지는 일관성 없는 태도로, 내가 예측할 수 없는 때와 방식으로 분노를 폭발시켰습니다. 그래서인지 어린 시절 내게는 하느님 아버지 역시 이해할 수 없는 율법을 제시하는 존재, 예측할 수 없는 순간에 분노하는 존재로 다가왔습니다. 아버지와 하느님, 나는 둘 다를 두려워했습니다.[8]

아버지와의 관계로 인해 그녀의 하느님 심상은 실제 아버지상과 뒤얽혔다. 이후 로버타는 아이오와에 있는 대학을 다녔고 18세에 21세의 글렌 체스넛Glenn Chesnut과 결혼했다. 로버타에게 그는 어렸을 때 이혼으로 헤어진, 그녀의 삶에서 거의 부재했던 아버지를 떠올리게 했다. 훗날 그녀는 체스넛과의 결혼 생활을 되돌아보며 말했다.

18세부터 35세까지 남편과의 생활은 기쁘지 않았습니다. 결혼 생활은 극도로 불안했습니다. 불안은 단지 내가 식료품 가게에서 식료품을 사고 난 뒤 집에 가져오는 것을 잊어버리는 정도의 문제로 드러나지 않았습니다. 가정의 분위

---

8 Roberta C. Bondi, *A Place to Pray*, 34.

기는 흉흉했고, 아버지의 죽음 등 남편을 심란하게 만드는 일들이 계속 일어났습니다. 남편은 그런 불행한 일들이 일어나는 것을 두고 나를 비난했습니다.[9]

로버타는 대학과 대학원을 남편과 함께 다녔다. 두 사람 모두 댈러스에 있는 서던 메소디스트 대학교에 다녔다. 그곳에서 그녀는 신학을 처음 접했고 특이한 인상을 받았다.

신학은 신학자들이 보편적으로 진리라고 여기는 것만 다루었습니다. 개인적이거나 '주관적인' 것, 일상적이거나 개별적인 것을 다루는 데 시간을 들이지 않았지요. … 신학은 추상적이고 논리적이며 명제 중심이었고, 체계적이었습니다. … 신학의 하느님도 마찬가지였습니다.[10]

게다가 학교에서는 남성을 이성적인 사람, 여성을 감정적인 사람으로 여겼다.

1963년 히브리어 문법을 접하게 된 로버타는 셈어semitic 와 초기 그리스도교에 흥미를 갖게 되었고, 이를 계기로 남

---

9 Roberta C. Bondi, *Night on the Flint River*, 61.

10 Roberta C. Bondi, *Memories of God*, 9.

편과 영국에 있는 옥스퍼드 대학교에 갔다. 처음에는 히브리어와 구약성서를 전공으로 했다. 서던 메소디스트 대학교와 마찬가지로 옥스퍼드 대학교의 구약학 수업은 객관성을 강조했다.

> 두 학교 모두 합리성을 강조했습니다. 즉, 객관성을 위해서
> 는 개인의 경험과 헌신은 제쳐두어야 한다고 보았던 것이
> 지요.[11]

합리성과 객관성을 강조하는 대학원 분위기를 가장 잘 보여주는 수업은 스코틀랜드 출신의 구약학 교수였던 제임스 바 James Barr의 수업이었다. 그녀가 참여한 수업에서 욥기 본문을 다루는 시간이었다. 그녀가 바 교수에게 물었다. "욥기의 의미에 대해서 이야기할 수 있을까요?" 바 교수는 답했다. "이보게, 그런 질문은 개인 교습 시간에 튜터에게 하게나."

어쩌면 교수는 그 수업의 주안점을 학생들의 히브리어 실력을 높이는 데 두었을지도 모른다. 하지만 그렇다 할지라도 그녀는 인간이 살면서 겪는 가장 강렬한 경험을 다루는

---

11   Roberta C. Bondi, *A Place to Pray*, 44.

본문을 보면서 교수가 그 의미에 대해 이야기하고 싶어 하지 않는다는 것을 이해하지 못했다. 대학원에서 가르치는 신학이 인간의 삶, 경험과 무관한 것 같다는 그녀의 심증은 확신으로 바뀌었다. 결국, 로버타는 구약학에서 초대 교회사, 초기 그리스도교 사상사로 전공을 바꾸었다(남편인 글렌도 초대 교회사를 연구했다). 그녀는 T. H. 로빈슨T. H. Robinson의 널리 알려진 시리아어 문법책 최신판의 편집자인 L. H. 브로킹턴 L. H. Brockington과 함께 시리아어를 공부했다.

논문 주제를 찾기 위해 보들리안 도서관(*옥스퍼드 대학교 중앙도서관)에서 고대 시리아어 본문들을 살피던 중 로버타는 마부그의 필록세누스가 쓴 설교집을 발견했다. 이를 계기로 그녀는 이집트 사막 교부들에 관한 연구를 시작했고 세 사람 (안티오키아의 세베루스Severus of Antioch, 마부그의 필록세누스, 사룩의 야곱Jacob of Sarug)의 단성론 그리스도론으로 박사 논문을 썼다.[12] 박사 논문을 쓰는 동안 로버타는 우울증을 겪었는데, 틈틈이 성공회 베네딕트회 수녀원에 머물러 휴식을 취했다 (이때 수녀들과의 만남은 그녀에게 자유에 대해 생각해보게 되는 계기

---

12 이 책은 다음과 같은 제목으로 출간되었다. Roberta C. Bondi, *Three Monophysite Christologies: Severus of Antioch, Philoxenus of Mabbug, and Jacob of Sarug* (New York and Oxford: Oxford University Press, 1976)

가 되었다).

필록세누스의 설교, 사막 교부, 교모들의 글과 말을 연구하며 그녀는 그때까지 알지 못했던 하느님의 면모에 눈을 뜨게 되었고, 신학과 영성에 대해서도 다시 생각해 보게 되었다. 이후 사막 교부들과 교모들은 로버타의 신앙의 여정에 함께 하는 동반자가 되었다. 4세기부터 6세기까지 이집트, 팔레스타인, 시리아 지역에서 살았던 이들의 시대와 문화는 그녀가 살아가는 시대, 문화와 달랐기에 그녀는 그들의 말을 기계적으로 받아들이는 게 아니라 그들과 토론하고, 대화를 나누었다.

그들의 과학, 철학, 의학, 심리학은 오늘날과는 달랐습니다. 그들의 어떤 전제와 결론은 때때로 하느님, 세계, 인간에 대한 우리의 이해를 거스르며 거부해야 하는 것처럼 보입니다. 이들은 매우 멀리 떨어져 있기에 우리는 근본적인 지점에서 이들이 우리와 비슷한 관점을 지니고 있을 거라 기대해서는 안 됩니다. 우리는 그들이 오늘날 문제에 대한 권위있는 가르침을 우리에게 주기를 요구해서는 안 됩니다. 대신 우리는 그들에게 그리스도인의 삶에 대해 물을 수 있고 이와 관련한 통찰을 얻을 수 있습니다. 우리는 그들의 이야기를 듣고, 숙고하고, 고려하여 이를 삶에 녹여낼 수 있고, 때로는 그렇지 않기로 선택할 수도 있습니다. 초기 그리스도인들의 관심사가 언제나 우리와 일치하지는 않았습니다. ... 그들은 자신들이 본 것을 있는 그대로 이야기할 수 있어야 하고, 우리도 그들의 말에 무조건 동의하거나 긍정하지 않아야 합니다.[13]

토론과 대화를 할 때 우리는 '나'에게 다가오는 도전에 열려 있어야 하고, 기꺼이 내 견해를 수정할 용기가 있어야 한다. 그렇지 않으면 토론과 대화는 이루어질 수 없다. 동시에, 토론과 대화를 할 때는 상대의 말에 귀 기울이되 그 말을 무조건 따르지도 않아야 한다. 참된 토론과 대화는 참여하는 모두에게 도전을 일으키며, 모두를 풍요롭게 한다. 이런 토론과 대화는 한쪽의 일방적인 항복을 강요하지 않는다. 그렇기에 로버타는 사막 교부와 교모를 '성인'saint으로 보지 않았다. 대신 그녀는 이 사막의 수도사들과 끊임없이 대화를 나누며 선물을 주고받는 길을 택했다. 『주께서 사랑하시듯 사랑하라』를 보면 이런 그녀의 면모가 잘 드러난다.

---

13 Roberta C. Bondi, *To Love as God Loves: Conversations with the Early Church* (Philadelphia: Fortress Press, 1987), 10. 『주께서 사랑하시듯 사랑하라』(비아)

우리가 회복되기를 원하고 사랑을 구한다면 회복될 수 있고 사랑할 수 있다고, 이것이 성육신의 목적이라고 그들은 믿었습니다. 성육신을 통해 하느님께서는 우리의 본래 모습, 하느님의 형상으로 돌아가는 길을 보여주셨고 그리하여 우리는 진실로 사랑하고 사랑받을 수 있는 인간이, 그리하여 참된 인간이 될 수 있습니다. 이것이 바로 사막 수도 운동의 핵심 영감이었습니다. … 수도원, 혹은 수도사라는 말을 들으면 우리는 흔히 규율을 떠올리고, 이와 '완전'을 연결해 수도 생활의 목표는 완전한 사랑이 아니라 규칙과 규율을 엄격히 따르는 것이라 생각하기 때문입니다. 종종 수도사들이 그리스도인의 참된 목표인 완전한 사랑과 그 사랑을 키우기 위해 고안된 규율을 구분하지 못한 것은 사실입니다. 시대를 막론하고 많은 그리스도인이 목적을 잊어버리거나 목적과 수단을 혼동하곤 했습니다.[14]

또한, 로버타는 이 초기 그리스도인들에게 하느님과 교제를 나누며 살아갈 때 단 하나의 올바른 길은 없다는 것을 배웠다. 물론 그리스도인은 시대를 초월하여 사랑이라는 목표를

---

14 Roberta C. Bondi, *To Love as God Loves*, 21.

공유한다는 점에서 공통점이 있다. 하지만 그녀는 다음과 같이 썼다.

> 그리스도인들은 공동의 목표를 갖고 있고, 많은 측면에서 삶의 방식을 공유하고 있지만 모든 사람이 그 목표에 도달하기 위해 따라야 하는 단 하나의 올바른 길은 없다고 저 옛 그리스도인들은 확신했습니다. 우리는 각자 모두 다릅니다. 저에게는 사랑의 걸림돌일 수 있는 것이 여러분에게는 그렇지 않을 수 있고, 제가 사랑을 실천하도록 이끄는 것이 여러분의 상황을 악화시킬 수 있습니다. 옛 그리스도인들은 이 다양성을 매우 진지하게 받아들였습니다. 그래서 한 본문이 때로는 다른 본문과 모순되는 것처럼 보입니다.[15]

로버타는 그리스도인의 삶이 다양할 수 있다는 사실을 두려워하지 않는다. 다양성을 적극적으로 긍정한다는 점에서 그녀는 '영적 실용주의자'spiritual pragmatist다. 그녀는 한편으로, 우리 한 사람 한 사람은 각자에게 맞는 신앙의 길이 무엇인지 알아야 하며, 동시에 그 길을 절대화하지 말아야 한

---

15 Roberta C. Bondi, *To Love as God Loves*, 11.

다고 이야기한다. 그녀에 따르면 성령은 그런 방식으로 활동한다.

> 압바 포이멘에 따르면 압바 요한이 이런 말을 했다고 합니다. "성도들은 한곳에 심긴 나무들과 비슷합니다. 각각의 나무는 다른 열매를 맺지만 같은 샘에서 물을 공급받습니다. 성도 각자의 실천은 모두 다릅니다. 그러나 그들 안에서 활동하시는 분은 같은 성령이십니다."

깊어가는 상처

박사학위를 받은 뒤 로버타는 남편과 함께 미국에 돌아왔다. 그리고 1970년부터 그녀는 노틀담 대학교에서 강의를 시작했다. 당시만 해도 대다수 사람은 대학에서 가르치는 일, 특히 신학을 가르치는 일은 남성의 특권이라고 인식하던 시기였다. 그리스도교 사상사를 가르치면서 로버타는 자신이 배웠던 것처럼, 즉 자신의 신앙 경험과는 무관한 것처럼 객관적으로 신학을 가르치고 있다는 사실을 깨달았다.

> 학생들은 내 강의를 들으며 내가 신학을 배울 때 겪은 문제를 반복해 겪고 있었습니다. 나는 그들의 절실한 질문을 억

눌렀고, 신학에 비추어 자신의 삶을 성찰하는 것은 사적인
신앙의 문제로 여기도록 부추겼습니다.[16]

로버타는 박사 논문을 쓰는 와중에 딸 애나 그레이스를 낳았
고 5년 뒤에는 아들 벤저민을 낳았다. 시간이 흐를수록 고통
은 심해져 갔다. 그녀는 아이들과 남편, 무엇보다 자기 자신
과 싸웠다. 한번은 신학자들의 모임에서 말실수를 하자 남편
은 로버타에게 말했다. "당신은 초대 교회 이야기가 아닌 다
른 주제로 이야기를 하면 상당히 바보 같을 때가 있어." 그녀
는 "이후 몇 년 동안 모임, 학술대회, 교수 회의에 참석할 때
면 그가 한 말이 떠올라 늘 입을 조심"했다.[17] 그녀는 40세 중
반이 넘어서까지 우울증을 앓았다. 그녀에 따르면 "47세가
될 무렵에는 우울증이 너무 심해져 차라리 동굴에서 혼자 사
는 게 낫겠다" 싶었다.[18]

느리게 이루어진 치유

결국 로버타는 앨런 체스넛과 이혼했고 에모리 대학교 캔

16　Roberta C. Bondi, *Memories of God*, 11.

17　Roberta C. Bondi, *Night on the Flint River*, 99.

18　Roberta C. Bondi, *Memories of God*, 165.

들러 신학대학원으로 자리를 옮겼다. 그곳에서 그녀는 자신보다 나이가 어린 그리스도교 윤리학자 리처드 본디Richard Bondi를 만나 결혼했다. 리처드는 좋은 동반자였고 두 아이에게도 좋은 아버지가 되었다. 몇 년 후, 로버타는 사막의 그리스도인들을 다루는 가운데 자신의 인생 여정을 되돌아보며 말했다.

> 물론 현실에서 우리는 너무나 자주 사랑하지 못하고, 사랑에 실패합니다. 죽음에 대한 두려움, 자신의 몸과 정서의 연약함, 그리고 이러한 연약함을 일시적으로 해결하려는 방식, 두려움을 보상받으려는 방식에 지배받고 있기 때문입니다. 우리는 다른 사람을 지배할 수 있는 힘을 가지려 합니다. 우리는 미래를 두려워합니다. 우리는 시기, 분노, 우울, 과잉행동, 지루함으로 고통받습니다.[19]

그리스도교 역사와 자기 자신의 역사 모두를 성찰하는 가운데 그녀에게 중요한 변화가 일어났다. 로버타는 신학이 순전히 지적인 학문이 아니라, 삶과 상호작용하는 가운데 "삶을

---

19 Roberta C. Bondi, *To Love as God Loves*, 20.

구하는 활동"임을, "신학의 일은 결국 … 구원을 다루는 일"임을 깨달았다.[20] 이 깨달음을 바탕으로 그녀는 자신의 교수 방식을 바꾸기 시작했다. 로버타는 학생들에게 자신의 경험과 신앙을 두고 "고대의 자료들과 대화"를 나누라고 독려했으며 수업에서는 "하느님 앞에서 우리가 누구인지, 우리가 실제로 (이성의 차원에서, 감정의 차원에서, 삶의 차원에서) 경험한 것을 성서, 전통에 비추어 생각하고 성서, 전통과 대화를 나누는, 일종의 신학적 성찰의 방법"을 연습했다.[21] 로버타의 기도 생활도 바뀌기 시작했다.

새로운 교수법을 발전시키는 동안, 나는 오랫동안 나를 아프게 했던 많은 문제를 마주하기 위해 매일 기도하는 훈련을 시작했습니다. 기도 내용에는 어린 시절부터 지금까지의 삶이 나에게 미친 영향, 그리고 그에 상응했던 내 신앙, 신학에 대한 신중하고도 고통스러운 되새김이 포함되어 있었습니다.[22]

---

20 Roberta C. Bondi, *Memories of God*, 11.

21 Roberta C. Bondi, *A Place to Pray*, 13.

22 Roberta C. Bondi, *Memories of God*, 12.

나는 기도가 운동임을, 나와 (과거와 현재를 아우르는) 전체 그
리스도교 공동체 사이에서 일어나는 운동임을 배웠습니
다. 기도를 통해 우리는 배우고, 우리 자신을 비판하고, 우
리의 자리를 찾습니다. 그렇게 기도는 우리의 삶을 지탱합
니다.[23]

'배우다', '비판하다', '자리를 찾다', '지탱하다'와 같은 동사가
중요하다. 이 동사들은 기도라는 전체 활동을 이루는 요소들
이다. 기도를 통해 배운다는 것은, 다른 모든 배움과 마찬가
지로 기도가 타자로부터 우리에게 온다는 것을 의미한다. 우
리는 우리보다 앞서 살았던 그리스도인들에게, 궁극적으로
는 하느님에게 기도하는 법을 배운다. 기도를 통해 비판한다
는 것은, 기도하는 가운데 우리가 우리를 향한 지적 도전과
마주하게 됨을 뜻한다. 우리가 익히고 쓰는 말과 생각은 모
두 재확인을 필요로 한다. '나는 내가 쓰는 말을 이해하고 쓰
는가? 그리고 나의 생각은 과연 올바른가? 나는 나를, 세상
을, 하느님을 제대로 이해하고 있는가?' 이런 물음을 던지고
기도하는 가운데 우리는 우리 자신, 하느님과 삶에 대한 가

---

23 Roberta C. Bondi, *To Pray and to Love: Conversations on Prayer with the Early Church* (Minneapolis: Fortress Press, 1991), 12.

정, 삶에서 우리가 짊어진 짐을 이해하고, 도전하고, 바꾸고, 확장한다. 기도를 통해 자리를 찾는 것은, 기도하는 가운데 나의 언어를 발견해 나가는 것을 뜻한다. 오랜 기간 우리는 기도하는 가운데 무슨 말을 해야 할지 혼란을 겪는다. 그래서 처음에는 여러 기도문에 의지하고, 다른 사람들의 기도를 듣는다. 그러한 가운데 우리는 우리 자신의 기도로 나아간다. 이 모든 과정을 통해 기도는 우리를 지탱한다. 기도는 우리를 붙잡아 주고, 힘을 주고, 위로하고, 울고 애도하도록 우리를 초대한다. 그렇게 기도는 우리의 삶을 형성한다.

> 기도는 내 일상, 하루에 일어나는 침묵, 산만함, 고통, 즐거움을 하느님과 나누는 것입니다.[24]

그녀는 초기 그리스도교의 원천들에서 지혜와 기도를 배웠고, 다른 사람들에게 그 지혜와 기도, 거기에 덧붙여 자신의 성찰을 전달했다.

> 초기 신앙의 선배들이 나에게 전한 가장 중요한 가르침은

---

24 Roberta C. Bondi, *In Ordinary Time* (Nashville: Abingdon Press, 1996), 51.

낙담하지 말고 계속 기도하라는 것이었습니다. 사랑이 그러하듯 기도 역시 삶의 방식입니다. 그리고 사랑이 그러하듯 기도 역시 결코 완제품으로 주어지는 것이 아닙니다. 우리는 우리가 받은 성서, 그리고 과거의 그리스도인들이 우리에게 전해 준 여러 자료를 통해 평생 기도를 배우며, 평생 기도를 훈련하고, 평생 기도와 더불어 생각합니다. 이 모든 과정에 성령께서 우리를 도우십니다.[25]

이 모든 일련의 과정과 함께 하느님에 대한 그녀의 이해 역시 서서히 변화했다. 어린 시절 만들어진 심판의 하느님상에 맞서 로버타는 사막 그리스도인들이 만난 하느님, "부드럽고 자비로운 하느님"을 발견했다.[26] 고통과 씨름하는 가운데 이를 깨달았다는 점에서 그녀의 고백에는 울림이 있다.

나는 하느님이 잔인하다는 것을 믿을 수 없습니다. 두려움은 그분의 뜻에 대한 적절한 반응이 아닙니다. 하느님 나라에 대한 기대는 두려움과 양립하지 않기 때문입니다. 두려움이 꼭 필요하다면, 그건 우리 앞에 그 나라가 임했는데도

---

25 Roberta C. Bondi, *To Pray and to Love*, 12~13.

26 Roberta C. Bondi, *Memories of God*, 133.

이를 보지 못하는 것에 대한 두려움뿐일 것입니다. 예수께서는 제자들에게 거듭 말씀하십니다. "두려워하지 말아라." ... 사막의 그리스도인들도 내가 이를 거듭 새기게 해주었습니다. 그들이 내게 보여준 하느님은 무한히 신비로우시며, 동시에 한 사람 한 사람을 무한히 친밀하게 사랑하시는 분이었습니다. 이 하느님은 나를 당신과의 관계로 인도하는 분이었고, 누구도 하지 못하는 방식으로 모든 인간의 한계와 연약함을 끌어안으시는 분이었습니다.[27]

로버타가 받아들인 하느님은 사랑을 최고의 이름으로 갖고 계신 분이다. 이와 관련해 그녀는 요한이 보낸 첫째 편지의 유명한 구절을 아름답게 풀어낸다.

하느님은 사랑이십니다. 그분은 우리의 상상을 뛰어넘는 사랑, 한없는 사랑을 아낌없이 베푸십니다. 우리가 상상하는 하느님의 사랑이 무엇이든, 그 사랑은 훨씬 더 깊고, 훨씬 더 꾸준하며, 훨씬 더 온화합니다. 우리는 그 사랑을 조작하거나 흥정할 수 없습니다. 우리만 그 사랑을 쟁취할 수

---

27 Roberta C. Bondi, *A Place to Pray*, 61, 78.

도 없고, 우리가 그 사랑을 잃어버릴 수도 없습니다. 시편 125편에서 산들이 예루살렘을 에워 감싸주듯 하느님께서는 온 피조물을 감싸주십니다. 사랑이신 그분은 온 피조물을 빛으로 채우십니다. 그분은 하늘에 계시는 기쁨의 빛이시며, 그 빛은 풀잎 하나하나, 작은 벌레 하나하나를 비추며 우리의 눈을 열어 그들을 볼 수 있게 하십니다. 그분에 기대어 우리는 숨 쉬고, 땅을 걸으며, 음식을 먹습니다.[28]

그리스도교 신비주의자들은 이 하느님을 보았으며 참된 공교회 전통에서는 바로 이 하느님을 고백했다. 이 하느님은 예수의 하느님이다. 예수를 봄으로써 우리는 아버지 하느님을 본다. 이러한 맥락에서 로버타는 말한다.

하느님을 아버지라고 부르는 것은 여성인 나에게 가부장제를 존중하라는 뜻이 아님을, 이를 포함한 폭력적인 제도와 문화를 정당화하는 신에게 복종하라는 뜻이 아님을 깨닫기 시작했습니다. 오히려 하느님을 아버지라 부르는 것은 우리와 교회, 세상을 포로로 잡고 있는 타락한 부성, 이와 관

---

28   Roberta C. Bondi, *To Love as God Loves*, 101~102.

런된 모든 살인적인 심상들에 맞서 하느님의 참 아버지 되심을 강력하게 선언하는 것입니다.[29]

이러한 생각의 변화를 통해 그녀는 자신의 실제 아버지와의 관계 또한 회복할 수 있었다.

힘이 넘치는, 마치 무적의 인간처럼 보였던 아버지는 있는 그대로의 나를 원했을 뿐만 아니라 죽음으로 나아가는 여정에서 내가 당신 곁에 있기를 바랐습니다. 아버지 생의 마지막 몇 년 동안 내가 자녀이자 친구로서 아버지 곁에 설 수 있었던 것은 정말이지 놀라운 하느님의 은총이며 선물이었습니다.[30]

로버타는 기도가 우리의 상처를 치유하는 힘을 지니고 있음을 확신했다. 이는 결코 순진한 믿음이 아니라 인생의 여러 질곡을 거치며 다다른 깨달음이었다. 하느님에 관한 이야기, 성서, 사막 그리스도인들은 모두 "하느님 안에서 모든 것은 마침내 치유될 것이다"라고 약속한다. 물론 이러한 치유는

29 Roberta C. Bondi, *Memories of God*, 41.

30 Roberta C. Bondi, *Memories of God*, 46.

그분이 만물 안에 온전히 임하실 때 이루어질 것이다. 이 같은 맥락에서 압바 안토니우스는 말했다.

> 하느님께서 모든 지역에서 우리를 모으신 것은, 우리 마음을 이 땅에서 부활하게 하시고, 우리가 모두 한 몸을 이루게 하시기 위해, 우리가 한 몸을 이루는 지체임을 가르치시기 위해서입니다. 그러므로 우리는 서로 사랑해야 합니다. 이웃을 사랑하는 것은 하느님을 사랑하는 것이고, 하느님을 사랑하는 것은 자신의 영혼을 사랑하는 것이기 때문입니다.

여기에 덧붙여 로버타는 말한다.

> 우리가 진실로 치유를 갈망한다면, 우리가 생각하는 치유된 모습을 하느님께 요구하는 것이 아니라 그저 그분께 치유를 온전히 맡기고 간구한다면, 그분께서는 우리가 상상하는 것 이상으로 더 많은 것을 치유해주실 것입니다.

이 치유의 활동에는 성도들의 친교가 포함된다.

그리스도의 몸 안에서 우리는 아직 온전히 하나를 이루지 못했지만, 진실로 우리는 서로에게 밀접하게 연결되어 있습니다. 그리스도 안에서 서로 연합되어 있기에 우리의 기도는 결코 혼자 드리는 기도가 아닙니다. 물론 나의 기도는 나에게서 시작됩니다. 하지만 내가 기도할 때는 언제나 하느님을 사랑했던 모든 이, 우리와 함께 그리스도의 몸을 이루는 (살아있는, 그리고 지금은 세상을 떠난) 모든 그리스도인이 나와 함께 기도합니다.[31]

사랑이신 하느님

로버타는 자신의 변화를 따라 생각했고, 그 생각은 그녀의 글 전반에 스며들었다. 그녀의 글에는 우리를 향한 하느님의 지극하신 사랑이 녹아들어 있다.

하느님의 형상인 우리는 아기가 엄마의 사랑을 받듯 사랑을 받습니다. 그분은 흔들림 없이 우리에게 반응하십니다. … 하느님의 사랑은 멀리 떨어져 있는 부하를 향한 냉정하고 준엄한 관리자의 사랑이 아닙니다. 하느님의 사랑은 아

---

31 Roberta C. Bondi, *To Pray and to Love*, 45.

기를 향한 엄마의 사랑처럼 친밀하고 부드럽고 따뜻합니다.
... 아기는 아무것도 할 수 없고 제 발로 엄마에게 갈 힘도
없습니다. 다만 엄마를 찾아 구르고 소리를 내고 울 뿐이지
요. ... 엄마는 그런 아기를 안아 어루만지고 큰 사랑으로 젖
을 먹입니다. 이런 식으로 하느님께서는 당신을 갈망하는
이에게 활동하십니다.[32]

교회사 분야에서 추가 강의 책임을 맡게 되면서 로버타는 중
세 그리스도교에 좀 더 깊은 관심을 갖게 되었다. 이때 그녀
는 노리치의 줄리안Julian of Norwich을 만났다.

그녀는 내가 읽은 어떤 사람보다 더 하느님의 사랑에 대해
깊고, 근본적인 감각을 가진 사람이었습니다. 노리치의 줄
리안의 증언에 따르면, 하느님께서 그녀에게 그런 감각을
주신 것은 자신만을 위해서가 아니라 모든 하느님의 백성을
세우기 위해서였습니다.[33]

우리를 향한 하느님의 사랑에 대한 감각을 새기는 것, 이를

---

32 Roberta C. Bondi, *To Pray and to Love*, 29.

33 Roberta C. Bondi, *Night on the Flint River*, 36.

바탕으로, 이에 대한 반응으로서 하느님과 이웃을 향한 우리의 사랑을 성숙시켜 나가는 것, 이는 중세 수도사뿐만 아니라 모든 형태의 수도 생활, 더 나아가 모든 그리스도인의 삶의 바탕이자 과제다. 로버타는 사막 그리스도인들에 대해 논의하며 이 부분을 강조한다.

> 하느님 사랑과 이웃 사랑이 삶의 목표라고 초기 그리스도인들은 확신했습니다. 그들은 온전한 인간은 사랑하는 인간이라고 믿었습니다. 그러나 세상에는 죄가 있기에 하느님께서 뜻하신 바대로, 그분을 따라 사랑하기란 결코 쉬운 일이 아닙니다. 이 사랑을 익히는 것이야말로 평생의 과제이며, 그리스도인의 삶이란 곧 이 사랑을 익히는 과정입니다. 그리고 이 과정에서 기도는 필수요소입니다.

우리를 향한 하느님의 사랑을 깊게 새길수록 이웃을 향한 우리의 사랑 역시 깊어진다. 하느님을 향한 사랑과 이웃을 향한 사랑은 함께 엮여있다. 안토니우스의 말을 인용하며 그녀는 말한다.

> 이웃에게서 삶과 죽음이 나옵니다. 우리가 이웃에게 선을

행하면 하느님께 선을 행하는 것이고, 이웃을 걸려 넘어지
게 하면 그리스도께 죄를 짓는 것입니다.[34]

이런 생각은 로버타가 가장 좋아하는 사막 그리스도인 중 한
사람인 가자의 도로테우스의 이야기에서 더 분명하게 드러
난다. "도로테우스의 설교들을 살펴보면 그가 수도사들이
모였을 때 흔히 일어났던 정죄와 판단, 독선의 문제를 지적
하는 데 얼마나 많은 지면을 할애했는지" 알 수 있다. 그녀는
자주 도로테우스의 은유를 예로 들었다.

한 곳에 점을 찍고, 그 점을 중심으로 원을 그려봅시다. 원
을 이루는 선에서 중심점으로 향하는 거리는 모두 같습니
다. 이 원이 세상이고 하느님이 중심이라고 생각해 봅시다.
그리고 원에서 중심까지의 직선은 우리의 삶입니다. … 원
을 이루는 선부터 우리는 하느님을 향해 나아갑니다. 원이
중심점을 향해 나아갈수록 원을 이루는 점들의 간격이 줄어
들 듯, 우리는 하느님을 향해 나아갈수록 서로에게 가까워
집니다. 동시에 우리가 서로 가까워질수록 우리는 하느님

---

34 Roberta C. Bondi, *To Pray and to Love*, 13, 31.

께 가까워집니다.[35]

이 지혜로운 이야기에 로버타는 다음과 같은 설명을 덧
붙인다.

하느님의 형상인 다른 사람에 대한 사랑은 추상적인 '인류'
에 대한 사랑, 즉 인간 일반에 대한 친밀감이 아닙니다. 노
숙자, 어린아이, 고통받는 사람들을 '추상적'으로 사랑하기
란 매우 쉽습니다. 사랑이 초점 없는 친근감이라고 했을 때
드물게, 혹은 표면적으로만 만나는 이들을 사랑하기란 그리
어려운 일이 아닙니다. ... 사막의 그리스도인들은 참된 사
랑의 출발점은 많은 시간을 함께 보내는 사람들, 가깝게 지
내는 만큼 화가 치밀어 오르고, 짜증을 낼 수 있는 사람들,
아니면 너무나 가까이 있어서 그 존재의 소중함을 잃어버리
기 쉬운 이들에게 관심을 기울이는 것임을 잘 알고 있었습
니다. 우리가 그러하듯 그들도 추상적인 문제를 놓고 사랑
을 이야기하는 것은 쉽다는 것을 알고 있었습니다. 하지만
삶의 소소한 부분들, 일상에서 사랑을 실천하는 것은 또 다

35   Roberta C. Bondi, *To Pray and to Love*, 14~15, 32.

른 문제였습니다. 이런 영역에서 사랑을 이루는 것, 그리고
이 영역을 넓혀 하느님을 향한 사랑을 깊게 하는 것은 오랜
기간에 걸쳐 익혀야 하는 과제입니다.

이는 모든 사람을 똑같이 사랑하라는 이야기가 아니다. 에
바그리우스 폰티쿠스의 이야기를 빌려 로버타는 논의를 이
어간다.

> 모든 사람을 동일한 정도로 사랑하는 것은 불가능합니다.
> 그러나 원한과 증오를 품지 않고 모든 사람과 교제하는 것
> 은 가능합니다.[36]

> 우리는 모든 사람과 동등하게 교제하라는 요청을 받지 않았
> 습니다. 하지만 우리는 사랑의 성정으로 모든 사람을 대하
> 라는 명령을 받았습니다.[37]

하느님을 향한 사랑과 동료에 대한 사랑은 서로 엮여 있다
고, 불가분의 관계에 있다고 보지 않는다면 우리는 분열된

---

36 Roberta C. Bondi, *To Love as God Loves*, 50.
37 Roberta C. Bondi, *To Love as God Loves*, 33.

인격으로 살아갈 수밖에 없고 이는 불행과 부정적인 결과를 낳을 수밖에 없다.

> 오늘날 많은 그리스도인은 하느님과 교회를 대하는 인격과 과학과 상식의 세계를 대하는 인격이 나뉘어 있습니다. 두 개의 인격을 가진, 일종의 분열된 상태로 세상을 살아가는 것이지요. 이러한 상태에서는 도로테우스가 본 하느님을 향한 사랑과 다른 이들에 대한 사랑 사이의 친밀한 관계를 보지 못합니다.[38]

나가며

자신의 삶의 여정, 신앙의 여정을 꾸밈없이 정직하게 담아냈다는 점에서 로버타 본디의 글은 아우구스티누스의 『고백록』Confessiones, 존 헨리 뉴먼의 『그의 삶을 위한 변론』Apologia pro vita sua의 전통을 잇는다고 볼 수 있다. 한 뉴먼 연구자는 『그의 삶을 위한 변론』이 "논증으로 이루어진 저서가 아니라 체험의 문학"이라고 말한 적이 있는데 이는 로버타 본디의 저서들에도 마찬가지로 해당하는 말일 것이다. 로버타는

---

38 Roberta C. Bondi, *To Love as God Loves*, 26.

삶에서 일어나는 다양한 도전에 맞서는 가운데 우울증을 포함한 다양한 고통을 겪었다. 그리고 그리스도교 역사와 전통으로부터 고통 가운데서도 성장할 수 있다는 격려와 새로운 차원으로의 초대를 발견했다. 또한 그녀는 각기 다른 상황과 현실에 처해 있는 독자들을 성장과 성숙이라는 공동의 여정으로 초대한다.

로버타는 "그리스도인이 된다는 것은 하느님의 사랑을 따라 사랑하는 법을 배우는 것"임을 알고 있었고, 글과 삶으로 이를 보여주었다. 우리는 그녀를 통해 어떤 어려움에 처해 있든, 어떤 길을 걷고 있든 하느님의 사랑을 따라 사랑하는 법을 익힐 수 있다는 격려를 받고 희망을 갖는다.

· **Three Monophysite Christologies: Severus of Antioch, Philoxenus of Mabbug, and Jacob of Sarug** (New York and Oxford: Oxford University Press, 1976)

· **To Love as God Loves: Conversations with the Early Church** (Philadelphia: Fortress Press, 1987) 『주께서 사랑하시듯 사랑하라』(비아)

· **To Pray and to Love: Conversations on Prayer with the Early Church** (Philadelphia: Fortress Press, 1991)

· **Memories of God: Theological Reflections on a Life** (Nashville : Abingdon Press, 1995)

· **In Ordinary Time: Healing the Wounds of the Heart** (Nashville : Abingdon Press, 1996)

· **A Place to Pray: Reflections on the Lord's Prayer** (Nashville : Abingdon Press, 1998)

· **Night on the Flint River: An Accidental Journey in Knowing God** (Nashville : Abingdon Press, 1999)

· **Houses: A Family Memoir of Grace** (Nashville : Abingdon Press, 2000)

· **Nick the Cat: Christian Reflections on the Stranger** (Nashville : Abingdon Press, 2001)

· **Wild Things: Poems of Grief and Love, Loss and Gratitude** (Nashville : Upper Room Books, 2014)

주께서 사랑하시듯 사랑하라
- 초기 그리스도인들과의 대화

초판 1쇄 | 2023년 4월 28일

지은이 | 로버타 본디
옮긴이 | 황윤하

발행처 | 비아
발행인 | 이길호
편집인 | 이현은
편 집 | 민경찬
검 토 | 손승우 · 윤관 · 정다운
제 작 | 김진식 · 김진현 · 이난영
재 무 | 황인수 · 이남구 · 김규리
마케팅 | 김미성
디자인 | 손승우

출판등록 | 2020년 7월 14일 제2020-000187호
주 소 | 서울시 강남구 봉은사로 442 75th Avenue 빌딩 7층
주문전화 | 02-590-9842
이메일 | viapublisher@gmail.com

ISBN | 979-11-92769-26-4 (03230)
한국어판 저작권 ⓒ 2023 타임교육C&P